한림신서 일본학총서 89

류큐 왕국

RYUKYU OKOKU

by Kurayoshi Takara

ⓒ 1993 by Kurayoshi Takara

Originally Published in Japanese by Iwanami Shoten, Publishers, Tokyo, 1993

This Korean language edition Published in 2008

by the Institute of Japanese Studies, Hallym University, Chuncheon

by arrangement with the author c/o Iwanami Shoten, Publishers, Tokyo

류큐 왕국

다카라 구라요시 지음 · 원정식 옮김

小花

한림신서 일본학총서 89

류큐 왕국

초판인쇄	2008년 6월 1일
초판발행	2008년 6월 1일

엮 은 이	다카라 구라요시
옮 긴 이	원정식

펴 낸 이	한림대학교 일본학연구소
펴 낸 곳	도서출판 소화
등 록	제13-412호
주 소	서울시 영등포구 영등포동 7가 94-97
전 화	2677-5890
팩 스	2636-6393
홈페이지	www.sowha.com

ISBN 978-89-8410-333-9 94080
ISBN 978-89-8410-105-0 (세트)

잘못된 책은 언제나 바꾸어 드립니다.

값 7,000원

한국을 처음 방문한 것은 1988년 서울올림픽이 끝난 직후였습니다. 슈리성 복원 프로젝트를 진행하는 가운데 한국의 고건축을 참조해야 할 필요가 있어서 조사단을 편성해 경주와 서울의 건축물을 답사했습니다. 서울에서는 한국의 건축사 전문가들을 만날 기회가 있어서 많은 가르침을 받았습니다. 그 후 나는 한국을 몇 차례 방문하여 계속 가까운 존재로서 한국을 의식하려고 노력했습니다. 1997년에는 제주도가 주최하는 심포지엄에 초청받아 류큐 연구의 역사와 현상(現狀)에 대하여 강연할 기회도 가졌습니다.

한국을 방문할 때마다 류큐(오키나와)에 대해 한국 사람들에게 알리고 싶다는 생각이 깊어졌습니다. 현재의 일본은 일찍이 류큐라고 불리는 섬들을 포함하고 있다는 것, 그리고 그 섬들은 지금도 독자적인 문화를 가지고 역사를 걸어가고 있다는 것, 그것을 주목하게 하고 싶다는 바람이 강해졌습니다.

그러나 나 같은 작은 사람에게는 그 바람을 실현할 힘이 없었습니다. 거의 체념하고 있을 때 한림대학교 일본학연구소에서 내 책을 한국어로 번역하여 출판하고 싶다는 고마운 권유가 있었습니다.

나에게는 꿈 같은 제안이었고, 물론 그 제안에 나는 흔쾌히 동의했습니다. 내 책은 내용이 깊지 않지만 류큐(오키나와)를 한국 사람들에게 소개하는 역할 정도는 할 수 있을 것이라고 생각했기 때문입니다.

심재현 선생을 비롯하여 한림대학교 일본학연구소의 여러분들과 번역하느라 애쓰신 강원대학교 원정식 선생에게 진심으로 감사드립니다. 이 책을 통해 한국 사람들이 류큐에 대해 조금이나마 관심을 갖고, 일본이라는 나라는 다양한 지역으로 이뤄졌다는 것, 그리고 또 한국의 역사나 문화가 류큐와도 깊은 관계가 있다는 것을 아는 계기가 되길 바랍니다.

2008년 6월
다카라 구라요시

| 차례 |

일러두기

1. 일본어 표기는 한글 맞춤법 통일안의 일본어 표기법을 따랐다.
2. 각주는 모두 옮긴이가 작성한 것이다.
3. 본문 중 인명의 생몰연도는 옮긴이가 보충한 것이다.
4. 괄호( )와 대괄호[ ]의 내용을 저자가 보충한 것이다.

서장

신들린 듯한 방문자

"다음 달 17일 밤, 오후 10시경에 가데나(嘉手納) 공군기지[1]로 달에서 여신이 내려옵니다. 그 여신을 구해 주시기 바랍니다. 부탁합니다."

1987년 말의 일이다. 당시 내가 근무하고 있던 오키나와(沖繩)현립박물관에 스무 살이 갓 넘은 듯이 보이는 한 청년이 찾아와서 진지한 표정으로 이렇게 호소했다. 나는 내심 '어허, 또야'라고 생각하면서도 그 청년에게 의자를 내주고 담뱃불을 붙이면서 "왜 구출

---

[1] 오키나와에서 가장 큰 미군기지이자 해외 미군기지 중 가장 넓은 곳으로 가데나정(嘉手納町)을 비롯한 4개의 행정구역에 걸쳐 있다.

책임자가 접니까?"라고 물었다. 내 질문에 힘을 얻었는지 그로부터 2시간 동안 청년은 그 이유를 거침없이 말했다. "알겠습니다. 내게 구출할 수 있는 힘이 있는지 자신은 없지만, 글쎄요, 18일 오전 9시 경에 이곳으로 오시겠습니까? 결과를 알려드릴 테니까요"라고 답 하고는 청년을 돌려보냈다.

약속은 지켜야 했다. 문제의 17일 밤, 나는 차를 몰고 가데나 공 군기지로 가서 기지의 메인 게이트 옆에 차를 세우고 10시가 되기 를 기다렸다. 맑은 밤하늘에 달빛이 환하게 비치고 있었다. 시트를 젖히고 눕자 새삼스레 '도대체 나는 뭘 하고 있는가' 하는 생각이 들었다. '자네는 사람 참 좋군' 하고 쓴웃음을 짓는 정도는 오래전 에 지나가고 자책감조차 느껴졌다. 달을 바라보면서 이런 마음의 갈등을 맛보는 가운데 어느덧 10시가 되고 점점 시간이 지나갔다. 당연한 일이지만 달 주변에는 어떤 변화도 볼 수 없었다.

다음날 아침, 문제의 청년이 내 직장에 나타났다. "예정된 시간이 지나고도 2시간이나 기다렸으나 끝내 어떤 여신도 나타나지 않았 습니다"라고 내가 알려주자 청년은 "그렇습니까?" 하고 쓸쓸한 듯 이 말한 뒤 불만스런 기색도 보이지 않고 그대로 물러났다.

역사가의 '현장 감각'

'류큐(琉球) 왕국'을 말하려는 이 책에서 왜 이러한 기묘한 에피 소드부터 시작하는가? 독자는 의아하게 생각할지 모른다. 하지만 이것은 내가 오키나와에서 역사 연구에 종사하는 입장에 관한 것이기 때문에 참고로 들어주기 바란다.

사실 비현실적 상담 사례는 이 청년만이 아니다. 오키나와에서 역사가로서 다소라도 이름이 알려지게 되면 이런 기묘한 방문자가 끊이지 않는다. "전쟁으로 가보(家譜)[2]를 잃었으니, 미안하지만 우리 집 가보를 만들어 주실 수 없습니까? 당신 역사가지요?"라는 전직 교장선생의 소원이라면 오히려 이해할 수 있다. 하지만 16세기 류큐 국왕이었던 쇼신(尚眞, 재위 1476~1526)의 부탁이라며 내 앞으로 된 메시지를 전하는 초로의 부인이 있다. "유타(巫)[3]에게 들으니 사방의 성지를 순례하면 의사가 고치지 못한 아들의 병이 완쾌된다는데, 그것은 어찌된 일입니까?"라고 묻는 어머니도 있다. "젊은이의 교통사고 사망이 많은 이유는 어디 어디 성지의 신을 제대로 모시지 않았기 때문이니 당신이 앞장서서 큰 기원제를 지내야 합니다"라고 전화로 호소한 부인도 있다. 이러한 상담 사례가 줄을 이었다.

---

2) 류큐 왕국의 사족(士族)이 가지고 있던 가계에 관한 기록으로 게이즈(系圖)라고도 한다. 가보는 일족(문중)마다 특정한 성을 따라 만들어지고 본가 및 분가에서도 작성되었는데, 각 계조(系祖) 이하 각 사람들의 호적[世系]과 이력이 상세하게 기록되어 있다. 류큐 왕국에서 가보는 쇼테이(尚貞, 재위 1669~1709) 왕이 동왕 2년(1670)에 가보 편찬을 명했고, 동왕 21년(1689)년 게이즈자(系圖座)의 설치와 함께 여러 사족에게 계도를 제출하도록 함으로써 시작되었다(평민에게는 가보 편찬을 허락하지 않았다). 한 부는 슈리 왕부의 게이즈자에 보관하고, 한 부는 국왕의 주인(朱印)을 찍어 각 가정에 보관하도록 했다. 게이즈자의 창설 이후 류큐 사회는 게이모치(系持: 계도를 가진 사람)라는 치자 계급과 무케이(無系: 가보가 없는 사람)인 피치자 계급(백성)이 완전히 구별되었다.

3) 아마미(奄美)와 오키나와 지방에서 영적 능력에 따라 신탁, 복점, 질병 치료 등을 하던 사람으로 대부분 여성이다.

왜 역사가가 미신적인 상담까지 상대해야 하는가? 바보 같은 말 하지 말라고 일축해도 좋다. 가당치도 않은 놈이라고 물리칠 수도 있다. 혹은 적당히 응대해 얼버무리고 그만 돌아가 달라고 할 수도 있다. 하지만 기이하게 보이더라도 하나하나의 상담 사례에는 진지한 질문이 포함되어 있다. 예컨대 "전쟁이 끝난 후 미국이 우리 묘가 있는 일대를 불도저로 밀고 기지로 만든 탓에 도대체 우리 묘가 어디에 있는지 알 수 없네. 죽기 전에 선생에게 우리 묘가 있던 곳을 듣고 거기를 향해 합장이라도 하고 나서야 죽고 싶소"라며 상담하러 온 여든 살이 넘은 할머니의 소원에 과연 무관심할 수 있겠는가? 만약 그렇다면 역사가로서의 중요한 무엇이 결여되었다고 나는 생각한다. 그래서 나는 그들의 상담에 가능한 한 귀를 기울이고 책임질 수 있는 부분에 대해서는 조언을 아끼지 않는다는 기본 자세를 견지해 왔던 셈이다.

역사가이기에 앞서 이 시대와 이 지역에 살고 있는 한 사람으로서 모순으로 가득 찬 현세의 실태를 받아들이자. 이것은 나의 기원과도 같은 바람이다. 그리고 그로 인해 불손함에 빠지지 않고 역사 해명으로 향할 때의 기본자세인 '현장 감각'이 몸에 배기 때문이다.

주점가를 다니다

한때 나는 매일 밤 밤거리를 돌아다닌 적이 있다. 오키나와의 모든 주점가를 돌아다녔는데, 특히 미군기지 주변에 형성된 특음가 (特飮街)에는 발이 닳도록 다녔다.

오키나와 전투[4]가 끝나고 광대한 미군기지가 각지에 건설되는 시대가 되자 급속한 도시화가 진행되었다. 미군기지 노동자['군작업(軍作業)'이라고 했다]뿐만 아니라 미군 병사(GI)를 상대로 하는 사업이나 서비스업에 종사하는 사람들이 농촌과 외딴섬으로부터 유입되어 기지의 게이트 부근에 문전도시(門前都市)[5]가 아닌 '기지촌 거리'를 형성했다. 그 대표적인 곳이 코자(현재 오키나와시)나 차탄(北谷)의 기타마에(北前), 긴(金武)에 새로 개설한 시가(市街)와 헤노코(邊野古)이다.

오키나와에서의 긴 밤, 나는 다양한 사람들을 만나 많은 이야기를 들었다. "달러 비가 내릴 정도로 돈을 벌었지요"라고 유쾌하게 이야기하는 전 술집주인. "결혼해 아이를 둘이나 낳았지만, 남편인 미군 병사는 훈련이 있다고 말하고는 두 번 다시 나타나지 않았지요"라며 남의 일처럼 말하는 여성. "급료 전날은 미군 병사도 빈털터리더군요. 몇 번 '무임승차' 했는지 몰라요"라며 웃어넘기는 전직 매춘부. 어느 혼혈인 록 뮤지션은 열정적으로 연주하는 간간히 "야, 베트남 전쟁 때는 대단했어. 연주를 걸날리기라도 하면 미군

---

4) 1945년 3월부터 6월까지 오키나와에서 일본군과 미군이 싸운 전투. 피해자에 대한 수치는 의견이 다양하지만, 대체로 오키나와 출신 군인·군속 28,228명, 민간인 15만 명, 일본 본토 군인 65,908명, 미군 12,000명이 전사했으며, 한국인도 15,000~20,000명이 전사하고 위안부도 1,000명이나 있었다. 이 전투로 오키나와 현민 60만 명 가운데 4분의 1이 전사했다. 홍종필, 「韓國의 歷史學者가 본 '오키나와(沖繩)'에 대하여」, 『인문과학 연구논총』 제19호, 1999, p.266.

5) 중세 말 이후에 신사(神社)나 절 앞에 이루어진 시가(市街).

병사 패거리들이 무대를 향해 맥주병을 던졌지. 살벌한 분위기였어"라고 말했다. 그리고는 맛있게 맥주잔을 다 비우면서 "무대에서 연주를 하고 있으면, 내일 베트남으로 가는 군인들은 금방 알 수 있었지. 그들은 한쪽 구석에서 등을 구부리고 조용히 들이붓듯 술을 마시지. 그런 놈들을 보면 우리도 힘껏 연주해 보내고 싶은 기분이 들었지"라고 말했다.

나는 알려지지 않은 전후(戰後)의 역사를 조사하려는 게 아니다. 단지 전후의 역사적 시간 속에서 미군을 상대로 살아온 이 사람들의 풍경과 부딪혀 보고 싶은 바람에서 행동했을 뿐이었다. 그 심상(心象)에 접함으로써 오키나와에서 역사가로 활동하기 위한 '현장 감각'을 채우고자 하는 바람이었을 뿐이다.

미군을 상대로 기지촌 거리에서 밤을 사는 사람들은 다양한 고생담을 늘어놓으면서 전후의 시간을 억척스럽게 살아왔다. 그리고 나를 찾아온 신들린 듯한 상담자들. 그들은 보기에 따라서는 불행한 상태에 있는지 모르지만, 그들도 지금 오키나와에서 열심히 살고 있다. 그들과 똑같은 심정을 가진 이들이 열연해 왔던 역사적 시간, 그 시간의 축적을 역사가로서 가슴에 새기면서 오키나와에서 역사를 말할 필요가 있지 않을까 생각한다. 그것을 나는 강조하고자 하는 것이다. 그리고 그 생각을 학생들 앞에서 다시 확인하게 되었다.

젊은이들 앞에서

나는 1975년부터 이곳 전문대학에서 '류큐사'[6]를 강의하고 있다. 대부분의 학생들은 여학생이다. 지방공무원이라는 본직이 있기에 강의는 하반기 반년간, 게다가 '황금 같은 토요일' 오후에 해야 했다. 그런데도 매년 정원을 넘는 수강 신청이 있었다는 뜻밖의 사실은 그런 대로 '류큐사'에 대한 관심을 알게 해 주었다. 이것도 '현장 감각'을 연마하는 데 아주 좋은 기회가 되었다.

도대체 류큐사의 어떤 점에 학생들이 흥미를 느끼고 있는지 알기 위해서 설문조사를 했을 때의 일이었다. 젊은이다운 주문이 잇달았는데, 그 가운데 특히 내 마음에 강하게 와 닿는 반응이 있었다. "아버지나 어머니로부터 들은 오키나와의 역사는 항상 학대받아 온 역사뿐입니다. 왜 오키나와의 역사는 이렇게도 어두운가요? 좀 더 당당하게 살았던 역사가 있을 것입니다. 그것을 알고 싶습니다"라는 지적이었다.

확실히 오키나와에서는 피해자적인 역사관이 오랫동안 풍미했으며, 이미 이데올로기의 영역에 도달했다는 견해조차 있다. 류큐

---

6) 류큐 역사의 시대 구분은 크게 세 가지를 들 수 있다. 이 책에서 다루는 시대 구분인 (1) 선사 시대→고류큐(12세기~1609)→근세 류큐(1609~1879)→근대 류큐(1879~1945)→전후 류큐(1945~현재)[古良倉吉]를 비롯해, (2) 부락 시대→아지(按司) 시대→제1쇼씨 왕조→제2쇼씨 왕조→오키나와현 시대→미군 점령 시대[仲原善忠]와, (3) 원시사회→고대사회로의 과도기 및 정치적 사회의 성립→고대국가→봉건사회로의 경사→근대사회[新里惠二]가 그것이다. 양수지, 「류큐 왕국의 멸망: 왕국에서 오키나와현으로」, 『근대 동아시아 국제관계의 변모』, 혜안, 2002, p.186.

인은 사쓰마(薩摩)의 지배를 받고 노예처럼 착취당했다고 한다. 미야코(宮古), 야에야마(八重山)의 외딴섬에서는 슈리(首里) 왕부(王府)가 인두세라는 가혹한 세금제도를 실시해 비참한 역사를 체험했다고 한다. 메이지 정부의 일방적인 강행 조치에 의해 류큐 왕국 시대에 종지부를 찍고 '오키나와현'이 설치된 류큐 처분[7]의 역사도 있

---

7) 이 책에서 자세히 다루지 않은 류큐 왕국의 멸망 과정을 간략히 연도별로 정리하면 다음과 같다.

1872년 9월 일본 정부는 도쿄를 방문한 류큐 왕국 사절에게 류큐 국왕 쇼타이(尚泰, 재위 1847~1879)를 일본국의 류큐 번왕으로 봉하는 칙서를 내림으로써 가고시마현에 예속된 류큐를 일단 일본 외무성의 관할 하에 두었다. 그리고 일본 외무성은 류큐가 미국(1854), 프랑스(1855), 네덜란드(1859)와 맺은 조약들과 여타의 외교 업무를 접수함으로써 은밀히 류큐의 외교권을 박탈했다. 또 1872년 9월 29일 메이지 정부는 류큐 번왕을 일등관으로 임명하고 도쿄에 저택 한 채를 주었는데, 이는 메이지 유신 직후 폐번치현(廢藩置縣)을 행하면서 각 번주를 도쿄로 이주시켰던 전례를 적용한 것이다.

1873년 류큐의 섭정 및 삼사관을 각각 4등관과 6등관으로 고침으로써 류큐의 관제를 일본의 관제로 개편하는 한편, 율서(형률 서적)를 보내 류큐의 형률제도도 일본 제도에 따르게 하고, 외무성에서는 동인(銅印)을 주어 향후 류큐번의 공문에 이를 사용하도록 했다.

1874년 7월 류큐번의 모든 사무를 외무성에서 내무성으로 이전하여 관할했다.

1875년 일본 정부는 내무대승(內務大丞) 마쓰다 미치유키(松田道之)를 류큐에 파견하여 청나라에 대한 조공 금지 및 번정 개혁을 명했다. 이는 청나라와 외교문제로 비화되었으나, 청 정부는 타이완 사건을 미숙하게 처리한 결과 류큐인을 일본 국민으로 승인해 준 결과를 초래했을 뿐만 아니라, 또 이리(伊犁) 문제로 러시아와 대립하던 상황에서 이를 우선시한 리훙장(李鴻章)의 소극적인 태도로 인하여 일본의 류큐 왕국 병탄을 방관하게 되었다.

1875~1876년 일본은 류큐 국왕의 재판권과 경찰권을 빼앗고, 1876년 6월에는 일방적으로 류큐인의 항해허가증제도를 반포하여 류큐인의 중국 도항 등을 통제했다.

1879년 3월 25일 류큐번을 폐지하고 오키나와현으로 바꾼다고 포고했다(太政官布告 14호). 태정대신 산조 사네토미(三條實美)의 지령을 받은 마쓰다 미치유키는 일본 정부의 고유관(告諭官) 자격으로 수행원 9명, 내무성 소속 출장관리 32명, 경찰 160명, 군사 300명

다. 그리고 일본 사회의 일원이 되었음에도 불구하고 풍속과 습관이 다르다는 이유로 본토 일본인에게 차별받은 역사가 있었다. 더욱이 오키나와 전투에서는 '우군(友軍)'이어야 할 일본 군인에게 혹사당하고 현민의 네 명 중 한 명이 생명을 잃은 불행한 기억도 있다. 전후에는 또 일본 사회에서 잘려 나가 미국의 군사적인 직접통치 아래 있었기 때문에 기본적인 인권조차 무시되는 가혹한 사태를 체험했다. 결국 '어둡고' '혹사당해 온 역사뿐'이었다.

전체상의 필요성

오키나와의 젊은이들은 소학교부터 고등학교 시기 동안에 특별수업으로 오키나와 전투 이야기를 몇 번이고 반복해서 들어왔다. 오키나와 전투 종결일인 6월 23일은 오키나와에서는 '위령의 날[8])

을 이끌고 류큐에 도착하여 강제로 류큐 왕국의 일체를 접수하고, 반발하는 류큐의 관리를 체포하고 고문했다.

이후 류큐 유신들의 복국운동(復國運動)과 그랜트 미국 전 대통령의 중재에 의한 분도(分島) 논의가 있었으나, 청일전쟁에서 중국이 패함으로써 독립의 희망이 사라지게 되었다.

8) 1945년 6월 23일 오키나와 전투의 종결을 기념해 류큐 정부 및 오키나와현이 정한 기념일. 일본으로의 복귀 전에는 주민의 축제일에 관한 입법(1961년 입법 제85호)에 기초해 공휴일이 되었으며, 현재는 1974년에 제정된 〈오키나와현 위령의 날을 정하는 조례〉에 따라 오키나와현 내에서는 공휴일이다. 매년 이날에는 이토만시(糸滿市) 마부니(摩文仁)의 평화기념공원에서 오키나와 전체 전몰자 위령제가 거행된다. 6월 23일로 정한 것은 제32군 사령관을 비롯한 사령부의 자결일이 이날이기 때문이다. 그러나 사령부가 괴멸했어도 그것을 알지 못하는 병사들이 계속 저항해 산발적인 전투가 계속되었기 때문에 위령의 날을 사령관 자결일로 정하는 것에 대해 의문을 제기하는 입장도 있다. 예컨대 오키나와시에서는 위령의 날을 휴일로 하는 한편, 동년 9월 7일에 항복문서가 조인되었기 때문에 이날을 시민평화의 날로 정하고 있다.

이어서, 그날이 가까워지면 교사들은 특별수업을 구성해 오키나와 전투의 실태를 보여 주는 동시에 아이들과 함께 평화 존중을 생각하는 것이 관례가 되었다. 오키나와 전투를 정면에서 다루고, 그것으로부터 전쟁을 미워하고 평화를 사랑하는 정신을 기르도록 하는 이 기획은 오키나와 교사들의 양식이자 특필할 만한 전통이라고 생각한다. 하지만 오키나와 역사의 전체상을 확실히 제시하지 않은 채 오키나와 전투만을 부각시켜 말하는 경향에 대해서 나는 전부터 의구심을 품어 왔다. 전쟁과 그 반성할 점에 대해서는 아이들에게 확실히 전해야 한다. 그러나 오키나와 전투는 어디까지나 오키나와 역사의 일부에 불과하기 때문에 그 부분만을 끄집어내 말해서는 '오키나와의 역사＝오키나와 전투'라는 오해를 줄 수밖에 없을 것이다.

'류큐사' 강의 첫 시간에 오키나와의 역사에 관한 학생들의 예비지식을 알기 위해서 나는 매번 간단한 테스트를 했다. '조공선(朝貢船)',[9] '인두세(人頭稅)', '집단자결(集團自決)'이란 역사 용어를 나열

---

9) 조공이란 전근대사회에서 제후나 속국이 사신을 통해 종주국에게 정기적으로 공물을 바치는 행위이다. 주(周) 나라 때는 중국 내에서 제후가 방물(方物)을 가지고 직접 천자를 알현하여 신하로서의 예를 다하고 군신간의 의리를 밝히는 정치적인 행사였다. 그러나 중국이 통일되자 점차 주변 이민족과의 관계에 이 형식이 적용되면서 조공은 중국을 중심으로 한 동아시아 국제정치의 한 형식으로 자리 잡게 되었다. 특히 한대(漢代) 이후 자신들이 세계의 중심이라는 중화사상에 근거하여 주변 국가들을 제후국으로 간주하고, 천자에 대한 정례적인 조빙사대(朝聘事大)를 요구했다. 그리하여 주변국은 중국에 대해 조공을 바치고, 중국은 주변국에 대한 답례로 하사품을 내림과 동시에 그들의 정치적 지위를 인정해 주는 책봉정책을 통해 상호간의 정치적 관계를 유지시켜 나갔다. 비록 조공이

하고 한두 마디 설명이나 의견을 쓰라고 한 것이었다. 특별수업의 성과였는지 오키나와 전투에 관한 용어에 대해서는 대부분의 학생이 어떤 지식이든 써 넣었다. 그러나 그 밖의 역사 용어에 대해서는 거의 빈칸이거나 "들은 적이 없다"고밖에 쓰지 못했다.

하지만 이 문제에 관해서는 교사를 나무라기에 앞서 역사가의 나태함을 꾸짖어야 할 것이다. 오키나와의 역사가는 오키나와 역사의 전체상을 분명히 파악하고 그것을 정리해 왔는가? 오키나와 전투를 포함한 역사의 전체상에 흥미를 갖게 하기 위해서는 "어둡고" "학대받아 왔다"는 화제만을 강조하는 피해자적인 역사상과 결별하고, 어느 시대에서도 역사를 살았던 사람들이 억척스럽게 활동한 그 역동성을 알기 쉽게 제시해야 한다. '류큐사'를 알고 싶다고 하는 젊은이들 앞에서 나는 이 점을 절실히 느꼈다.

오키나와 역사의 전체상을 그릴 때 가장 부족한 분야는 전근대사이다. 옛 역사서가 제공하는 단조로운 역사상이 여전히 풍미하

형식상으로는 천자국과 제후국, 즉 종주국과 속국의 모습을 띠었지만, 이것은 이데올로기의 성격이 강한 것일 뿐 실제로 정치적인 주종관계를 형성한 것은 아니었다. 이들 조공·책봉관계는 중국과 주변국이 각각 자국의 안전을 위해 서로 마찰을 피하기 위한 외교정책으로, 상호공존을 바탕으로 새로운 동아시아 국제질서를 형성한 것이었다. 중국과의 정치적 교류에는 반드시 경제적·문화적인 교류가 동반되었으며, 이는 조빙공헌과 하사(下賜)라는 과정을 통해 이루어졌다. 따라서 정치적 사신 왕래는 단순히 형식적인 데 그치고, 오히려 조공을 통한 문물교류와 외국의 발달된 선진문화를 수입하는 데 보다 큰 비중을 두었다. 원문에는 진공(進貢), 진공선(進貢船), 진공국(進貢國), 진공사(進貢使), 진공무역(進貢貿易) 등이라고 쓰고 있으나 여기서는 한국의 용례에 따라서 조공(朝貢), 조공선(朝貢船), 조공국(朝貢國), 조공사(朝貢使), 조공무역(朝貢貿易) 등으로 고쳤다.

고 있고, 새로운 의욕적인 작업은 너무 부족한 실정이다. 전체상을 그리기 위해서는 전근대사를 철저하게 해명할 필요가 있다. 그 일을 빼고 아무리 전체상의 중요성을 외친다 해도 이는 의미 없는 일임이 명백하다.

전근대사로의 길

전근대사와 본격적으로 싸우기 위해서는 어쨌든 '동지'를 모으고 난해한 사료를 자유로이 읽고 이해하는 인재를 늘려야 한다. 내가 사무국장으로 있는 오키나와역사연구회 안에 고문서 강독을 위한 정기모임을 마련하고, 매주 한 번 오키나와현립박물관 이전에 내가 근무하던 오키나와사료편집소의 회의용 탁자에 둘러앉아 비교적 풍부하게 남아 있는 근세의 생생한 사료를 읽는 것으로 시작했다. 이 정기모임에는 연구자뿐만 아니라 학생, 공무원, 회사원, 경찰관, 사무직 여성, 만화가 등 다양한 직종의 사람들이 참가했다. 공동학습 속에서 전근대사 전문가를 육성하고자 하는 생각 이외에도, 아마추어의 소박한 관심 아래서 사료를 읽어야 한다고 생각했기 때문이다. 이 정기모임은 1974년에 시작하여 지금도 계속하고 있다.

여름이 되면 매년 장소를 바꿔서 여름 세미나를 개최했다. 예컨대 외딴섬의 민박집에 숙박하면서 우리가 읽은 사료 속에서 어떠한 역사상을 추출할 수 있을까에 대해 몇 사람이 보고를 하고, 그것을 둘러싸고 심야까지 토론했다. 역사 공부는 상당 부분까지는 개인에 의한 독학 자습의 세계지만, 사료로 확인한 여러 사실을 조합하여 작은 역사상을 만드는 과정에서는 서로의 이해를 대조하고 논의를 통하여 자신의 논리를 깊게 하는 공동 작업이 불가피하다. 다행이라고 해야 할까. 완성된 지견(知見)을 가진 지도자는 없기 때문에 우리들의 공부 모임은 문자 그대로 수공업적인 자유로운 분위기의 학습회가 되었다.

그와 동시에 나는 기회를 얻어 외딴섬을 탐방했다. "오키나와의 전근대사에 대한 사료는 결정적으로 오키나와 전투 때문에 없어졌어요"라고 기회 있을 때마다 들은 지적이 정말인지 내 눈으로 확인해 보고 싶었다.

뜻밖에도 사료는 부족하나마 외딴섬 각지에 남아 있었다. 예컨대 미야코의 다라마 섬(多良間島)을 방문하자 근세 말기 외딴섬에 대한 행정의 실태를 전하는 사료 이외에도 가족 구성을 면밀히 기록한 인구대장이나 단야(鍛冶) 기록이 남아 있었다. 이제나 섬(伊是名島)으로 가자 도쿠가와(德川) 막부(幕府) 말기에 슈리 왕부가 지도한 공적인 연중행사의 차례를 기록한 문서가 있었다. 오키나와 본도(本島)의 니시하라정(西原町)의 어느 옛집을 방문하자 슈리 왕부와 관련된 성지(聖地)에 대한 의례의 실태를 기록한 고문서 꾸러미가 전해오고 있었다. 그리고 이시가키 섬(石垣島)에는 상상을 초월하는 방대한 근세 사료가 전승되고 있었는데, 그중에는 근세사의 골격을 대폭 정정해야 할 정보를 감추고 있는 문서도 존재했다. 이들을 사진으로 촬영하여 우리 학습회의 텍스트로 삼았음은 물론이다.

이 사료 조사의 과정에서 나는 두 가지를 배웠다. 하나는 역사가에게 사료는 연구의 소재에 불과하지만 사실 이것을 전하고 있는 살아 있는 사람이 눈앞에 있으며, 사료는 결코 무기물이 아니라는 것이다. 또 하나는 나하(那覇) 같은 도회에서 마음대로 생각한 '오키나와'상과 외딴섬 답사에서 실감한 '오키나와'상 사이에는 차이가 있으며, 생각 이상으로 오키나와에 다양성이 있다는 것이었다. 외딴섬마다 풍속과 습관이 다를 뿐만 아니라 말하는 방언도 상당히 다르다. 당연하다고 하면 그뿐이지만, 어쨌든 오키나와라고 해도 상당한 깊이가 있다는 사실은 내게 신선한 발견이었다.

내가 목표로 하는 전근대사의 해명은, 의지할 노하우를 가진 권위자도 없고 도제(徒弟)제도를 통해 가르쳐 준 선배도 없는 상황에서 오키나와 그 자체를 스승으로 삼고 시작했다고 해도 과언이 아니다.

전근대사 연구라는 것은 오늘을 사는 사람들의 생활이나 마음속에 축적되어 있는 역사적 시간을 해명해 가는 작업이다. 또 그 작업에서 전근대사 연구는 현대적인 의미를 가질 것이다.

이 책에서는 우선 '류큐 왕국'이라는 과제를 접근하기 위해 고군분투한 두 사람의 연구자를 논하고, 다음에 전체상의 윤곽을 서술한 토대 위에서 전성기의 실태를 묘사하며, 나아가 '왕국' 내부 상황을 탐구해 보고자 한다.

제1장 '왕국'의 발견

1. 오키나와 연구의 선구자

이하 후유(伊波普猷)의 묘

일찍이 오키나와의 전근대사＝류큐사상(琉球史像)을 오키나와 인의 입장에 서서 추구한 선구자가 있었다. 그가 바로 이하 후유(伊波普猷, 1876~1947)[1]이다.

---

1) 오키나와현 나하시 출신의 학자이자 계몽가. 도쿄제국대학에서 언어학을 전공하고, 귀향 후 오키나와현립도서관 관장으로 근무하면서 오키나와 연구와 자료 수집에 진력했다. 1924년 도서관장을 사임하고 다시 도쿄로 갔으며, 1935년에는 고쿠가쿠인대학에서 '오모로(류큐의 옛 노래)'를 강의하기도 했고, 1945년에는 초대 오키나와인연맹 회장에 취임하기도 했다. 1947년 8월 13일 향년 71세로 사망했다. 연구 영역은 오키나와 연구를 중심으로 언어학, 민속학, 문화인류학, 역사학, 종교학 등 광대하다. 이들 업적을 기초로

오키나와에서 역사가로서 활동하면서 마음이 흔들릴 때, 나는 존경하는 선구자 이하 후유가 잠들어 있는 묘를 찾아간다. 그의 묘는 지금 내가 근무하는 우라소에(浦添)시립도서관에서 걸어서 15분 정도의 거리에 있다.

'오키나와학[2]의 아버지'라고 불리며 존경과 사랑을 받는 그는 모든 의미에서 근대 오키나와를 짊어지고 살아간 연구자였다. 그는 '류큐 처분' 직전인 1876년 나하의 부잣집에서 태어났다. 그 후 삼고(三高)[3]를 졸업하고 도쿄제국대학에서 언어학을 공부했으며, 오키나와로 돌아와 오키나와현립도서관 관장으로 있으면서 오키나와의 역사와 문화를 해명하는 일에 정력적으로 몰두했다. 처자

'오키나와학'이 생겼고, '오키나와학의 아버지'라고 불린다. 류큐, 오키나와를 연구하는 사람들의 출발점이자 극복해야 할 인물이다. 저서로는 『고류큐』(1911)를 비롯하여 『이하 후유 전집』 전11권(1974~1976)이 있다.

2) 오키나와를 둘러싼 제 학문의 총칭으로 이하 후유가 1911년 『고류큐』를 간행함으로써 학문으로 성립했다. '오키나와학'이란 말은 개정판 『고류큐』(1942)에서 이하 후유가 처음 사용했으며, 이후 점차 널리 사용되었다. 특히 긴조 조에이(金城朝永: 1902~1955)는 이하를 추모하는 문장에서 서구에 있어서의 '이집트학(埃及學, Egyptology)'에 비유하여 '류큐학(琉球學, Ryukyulogy)'이라고 칭하고 있다. 오키나와학의 담당자는 학자와 연구자에 한정되지 않고 오키나와에서 생활하는 '우치난추(오키나와 사람을 뜻하는 오키나와의 말)'로부터 오키나와와 관련된 모든 사람에게 열려 있으며, 문화적 연구뿐 아니라 정치·경제·법·자연환경 등 다양하다.

3) 메이지 시대 교토에 있었으며, 교토대학의 전신이었던 제삼고등학교(第三高等學校). 그 변화 과정을 간략히 살펴보면 다음과 같다. 오사카영어학교→오사카전문대학→오사카중학교(1880)→대학분교(1885)→제삼고등중학교(1886. 1889년 오사카에서 교토로 이전)→제삼고등학교(1894. 1896년 신입생 모집 정지)→교토제국대학 설립 및 제삼고등학교의 시설을 교토대학으로 이관(1897), 제삼고등학교 법학부 등 소멸(1899~1900).

를 버리고 젊은 여성과 도쿄로 사랑의 도피를 하기도 했던 그는 청빈의 삶에 만족하면서 오키나와 연구, 즉 '오키나와학'과 씨름했다. 전쟁이 끝난 직후인 1947년 오키나와의 앞날을 염려하면서 도쿄에서 숨을 거두었지만, 몰락한 고향의 이하 가(家)에는 그가 편히 쉴 수 있는 묘가 없었다. 그래서 그를 경애하는 제자들이 애써 우라소에 성터의 구석에 묘지를 택하고, 도쿄에서 이하의 유골을 모셔와 영면의 장소로 삼았다.

커다란 류큐 석회암을 배경으로 조영된 그의 묘에는 넓은 뜰이 있고, 묘역 전체를 아열대 수목이 덮고 있다. 묘역의 한 귀퉁이에 현창비가 세워져 있는데, 거기에는 다음과 같은 문구가 새겨져 있다.

오모로[4]와 오키나와학의 아버지 이하 후유

그만큼 오키나와를 알았던 사람은 없다

그만큼 오키나와를 사랑했던 사람은 없다

그만큼 오키나와를 염려했던 사람은 없다

그는 알았기에 사랑했고, 사랑했기에 염려했다

그는 학자이고 애향자이고 예언자이기도 했다.

---

4) '신의 노래(神歌)'란 뜻으로 오키나와에 전해지는 고대 가요. 내용은 민속·신앙·노동 등에 걸쳐 있으며, 주술성과 서정성을 내포한 서사시로 대략 12세기부터 17세기 초에 걸쳐 불렸다.

일본 언어학의 초창기

삼고에서 공부하고 있을 때, 이하는 고향 신문에 투고한 짧은 글에서 자신은 류큐사 연구의 '진오(陳吳)'[5]가 되고 싶다고 결의하고 있다. 하지만 그는 삼고에서 도쿄제국대학으로 진학했을 때 생각한 바가 있었는지 전공을 사학에서 언어학으로 바꾸었다. 즉, 도쿄제국대학 언어학과의 제1기생이 되었다. 그가 언어학을 선택한 동기는 같은 삼고에서 진학한 하시모토 신키치(橋本進吉, 일본어학), 오구라 신페이(小倉進平, 조선어학)가 있고, 2기생으로는 긴다이치 교스케(金田一京助, 아이누어학)가 있었기 때문인 듯하다. 이들 세 명과 이하(류큐어학)에 의해 일본어와 이를 둘러싼 주변 언어를 고찰하는 일본 언어학의 출발점이 마련되었다.

교수는 우에다 가즈토시(上田万年, 1867~1937), 조교수는 신무라 이즈루(新村出, 1876~1967)였다. 우에다는 일본에 언어학 연구방법을 전한 영국인 바질 홀 체임버린(Basil Hall Chamberlain, 1850~1935)[6]의 제자였다. 체임버린 교수는 1816년에 류큐 왕국을 방문하고는 『대류큐도 탐험항해기』(1818, 런던)를 써서 유럽 사회에 류큐를 널리 소개한 바질 홀 함장의 외손자였으며, 그 자신도 일본 체재 중 류큐어에 관한 방대한 논문을 남겼다. 이하의 류큐어 연구는 초창기의 도쿄제국대학 언어학과를 발판으로 삼았으며, 직접적으로

---

5) 진(秦) 나라 말기 반란을 시작한 진승(陳勝)과 오광(吳廣), 곧 선구자.

6) 영국의 일본 연구가, 도쿄제국대학 교수. 『고사기』의 영역(英譯), 아이누와 류큐 연구로 유명하다.

는 체임버린의 성과를 출발점으로 시작했다. 그리고 언어학을 무기로 미개척 분야인 오키나와의 역사·문화 연구와 씨름했다.

만년에 이하는 자신에게는 무덤도 장례식도 필요 없으며, 장례식을 치를 거라면 토론회나 열어 달라는 의미의 발언을 했다. 그리고 만약 자신을 위해 무덤을 만들 거라면 고향 사람들의 '기억'을 무덤으로 삼아 잠들고 싶다고 유언했다.

"자각하지 않는 존재는 비참하다"고 이하는 말했다. 또 "나와 나의 동료는 논의나 노래로 서로를 설명하는 것이 아니다. 우리는 우리 자신의 존재로 서로를 설명하는 것이다"라고도 말했다. 이런 입장에서 오키나와와 함께 살아간 그에 대해 나는 깊이 공감한다.

그렇다면 오키나와 연구를 창조하기 위한 이하의 고투란 무엇인가? 근대사상 저명한 사건인 '가와카미 하지메(河上肇) 설화(舌禍) 사건'은 바로 그 내실과 깊은 관계가 있다.

2. 가와카미 하지메 설화 사건

가와카미 하지메의 오키나와 방문

1911년(메이지 44년) 4월 1일, 교토제국대학 조교수 가와카미 하지메(河上肇, 1879~1946)[7]는 바산마루(馬山丸) 배에서 내려 처음으

---

7) 일본 경제학자. 도쿄제국대학을 졸업하고 유럽 유학 후 교토제국대학 교수로 있으면서

로 오키나와 땅을 밟았다. 나하의 이케하타(池畑) 여관에 여장을 풀었을 때, 그는 2주간 예정의 오키나와 조사에 대해 이것저것 생각했을 것이다. 그날 현지 신문인 『오키나와 마이니치신문』은 가와카미가 온 것을 환영하는 글을 게재했다.

같은 날 가와카미는 여관에서 걸어서 15분 정도 되는 곳에 있는 오키나와현립도서관을 방문하여 관장으로 있던 이하 후유와 처음 만나 인사를 나누고 열람실에서 바로 대학노트에 토지제도 관계 자료를 발췌하기 시작했다. 이때 가와카미 33세, 이하 36세였다.

이틀 후인 4월 3일 가와카미는 오키나와현교육회의 요청으로 나하의 마쓰야마(松山)소학교에서 500명의 청중 앞에서 "신시대가 다가온다"는 제목으로 1시간 반에 걸쳐 강연을 했다. 청중 가운데는 슈리의 구 지배층을 비롯하여 본토(本土)에서 와 오키나와 사회에서 위세를 부리는 관료나 거류상인들도 포함되어 있었을 것이다. 강연이 끝나고 저녁 6시부터 5, 60명이 참가하는 환영회가 열렸다. 아마도 이 자리에는 오키나와의 주요 지식인 인사들이 얼굴을 내밀었다고 생각된다. 환영회장이 된 곳은 나하항 안에 있는 암초 위에 만든 풍월루(風月樓)라는 요정이었다. 이곳은 그 옛날 류큐의 해외무역이 번성했을 때 쓰던 창고 '오모노구스쿠(御物城)' 자리에 세워진 것으로, 일본 본토에서 온 게이샤(고급 기생)가 연회에서 시중

마르크스 경제학을 연구했다. 1928년 교수직을 사임하고 공산주의 실천 활동에 투신하여 일본공산당에 참가했고, 검거되어 투옥되었으며, 1937년 출옥 후 자서전을 집필했다. 저서로는 『가와카미 하지메 전집』이 있다.

을 드는 오키나와 제일의 고급 요정이었다. 환영회 무드를 전하는 기록은 알 수 없지만, 그 직후에 표면화된 사태에 비추어 생각해 보면 아마도 거북한 분위기가 흐르는 연회였음이 틀림없다.

다음날 4일, 가와카미는 계속 현립도서관을 방문한 것으로 보인다. 그는 이하 후유가 본격적인 첫 출판을 준비하고 있던 『고류큐(古琉球)』의 원고에서 필요한 사항을 발췌하는 동시에 토지제도의 관계 자료를 발췌했다. 그날 밤 가와카미는 이하로부터 오키나와의 종교에 대해 강의를 들었다.

5일, 가와카미는 오키나와 본도 남부의 어촌 이토만(糸滿)으로 조사하러 갔는데, 이 조사에는 이하 후유가 동행했다. 이토만 조사를 마치고 숙소로 돌아온 그날 저녁, 그는 현지 신문 『류큐신보』를 보고 깜짝 놀랐으리라고 상상이 된다. 신문 지면에는 그의 "신시대가 다가온다"의 강연 요지와 함께 "여행가의 우리 현 비평"이란 제목의 가와카미 비판 사설이 실려 있었기 때문이다. 이 사설을 시작으로 현지 신문(특히 『류큐신보』)은 가와카미에게 집중포화를 쏘아댔고, 후에 '가와카미 하지메 설화 사건'이란 이름으로 통칭되는 사건으로 발전했다.

6일 가와카미의 행동은 분명하지 않지만, 7일은 오키나와 본도 중부의 나카구스쿠촌(中城村)에 조사하러 갔을 것이다. 그리고 8일에는 구메(久米)의 명륜당(明倫堂)[8]에서 가와카미에게 동정적인 나

---

8) 류큐의 명륜당은 1718년 구메촌에 창건되었으며, 류큐 최초의 학교이다. 메이지 시기까지

하 청년 유지 약 30명 앞에서 "모순과 조화"라는 제목의 강연을 하고, 바로 가고시마행 오키나와마루(沖繩丸) 배를 타고 오키나와를 떠났다. 오키나와의 토지제도를 2주간에 걸쳐 조사하려 했던 가와카미는 '설화 사건' 때문에 겨우 1주일간 체재하고 오키나와의 험악한 분위기 때문에 추방되는 형국이 되었다.

충군애국사상(忠君愛國思想)

'설화 사건'의 원인이 된 강연 "신시대가 다가온다"는 어떤 내용이었을까? 시대의 새로운 사조와 기운을 도도히 설명한 후, 가와카미는 특히 오키나와 문제에 대해 다음과 같은 의견을 말했다.

오키나와를 관찰하니, 오키나와는 언어, 풍속, 습관, 신앙, 그 밖의 모든 점에서 내지(內地)와 그 역사를 달리하는 듯하다. 그리하여 혹자는 이 현 사람들이 충군애국의 사상이 부족하다고 한다. 그러나 이것은 결코 한탄할 것 없다. 나는 이렇기 때문에 오히려 오키나와인에게 기대하는 바가 큰 동시에 또 가장 많은 흥미를 느끼는 것이다. …오늘날처럼 세계에서 가장 국가심(國家心)이 왕성한 일본의 일부에서 국가심이 다소 박약한 지방이 존재하는 것은 가장 흥미로운 일에 속한다. 왜냐하면 과거의 역사를 볼 때 시대를 지배하는 위인은 대부분 국가적

학교 역할을 했지만, 그 후 폐지되어 오키나와 전투 때 소실되었다. 그 유적지에는 기념비가 건립되어 있다. 또 전후 구메숭성회(久米崇聖會)에 의해 나하시에 같은 이름의 시설이 재건되었는데, 현재는 회의실과 도서실로 이용하고 있다.

결합이 박약한 지역에서 태어났다. 그 예로 그리스도는 유대에서, 석가는 인도에서 태어났다. 모두 망국이 낳은 천고의 위인이 아닌가? 만약 유대, 인도가 망국이 아니었다면 그들은 결국 태어나지 않았을 것이다. 그러므로 설령 이 현에 충군애국사상이 박약하다 해도 오늘날 신인물을 요구하는 신시대에서 나는 이 현의 인사 중에서 훗날 신시대를 지배하는 위대한 호걸이 일어날 것임을 깊이 기대하며, 또 이것에 대해 특히 다대한 흥미를 느끼지 않을 수 없다.

요컨대 가와카미는, '충군애국사상'이나 '국가심'이 왕성한 일본 사회에서 그것을 상대화할 정도의 독자성을 내포한 점이 오키나와의 가능성이며, 장래 새로운 스타일의 인재를 배출할 가능성도 있다고 강조했다. 그러나 가와카미의 지적은 너무 시대에 앞선 것인지 모른다. 80년 후의 오늘에야 오키나와의 독자성을 주장하고, 독자성을 가졌기 때문에 오키나와에 가능성이 있다고 주장하는 논조가 널리 지지를 받고 있다. 하지만 당시 오키나와 사회의 지도층 인사들의 반응은 상당히 달랐으며, 가와카미에 대해 광적이라고밖에 할 수 없는 비난을 퍼부었다.

현지의 신문은 가와카미를 '비국민정신의 고취자'라고 비난하고 오키나와 현민에게 '충군애국의 정성'이 실종되었다는 것은 몹시 무례한 언동이며, 또 유대나 인도 같은 '망국민'의 사회에 오키나와를 비교한 것은 현민에게 침을 뱉는 것과 마찬가지로 참으로 '듣고 넘어갈 수 없는 말'이라고 비난했다. 야마토(= 일본 본토)에 대한 위화감을 불식하고 '황국일본'에의 일체화를 추진하고 있던 오키나와의 지도층 인사들이 보면 용서할 수 없는 발언이었다. 가와카미 하지메는 이런 세력의 비난과 중상을 받고 쫓겨나듯 오키나와를 떠났던 것이다.

교토에 돌아온 직후 가와카미는 「류큐 이토만의 개인주의적 가족」(1911)이란 제목의 논문을 썼는데, 그 1절은 다음과 같이 기술하고 있다.

내가 일찍이 류큐를 유람할 때 강연 요청을 받고 그 결론에서 류큐인에의 바람으로 (일본 본토와 다른) 류큐의 특질이 발휘되었으면 했는데, 당시 일부 인사는 나를 오해하고 다시 곡해시켜 공격하고, 또 모욕할 뿐이었다. 보라, 류큐의 천지. 이미 이런 특이 현상이 있어서 만약 연구조사를 거듭하면 오히려 생각해야 할 것이 매우 많을 것이다. 제국 남단의 외로운 섬, 특수한 역사를 가지고 특수한 지리를 가진 지 이미 오래되고 산수의 색 역시 자못 내지와 같지 않다. 하물며 문물제도, 습관, 사상 같은 것이 어찌 모두 내지와 같을 리 있는가? 만약 저 세상에 이 특이함을 저주하는 사람이 있다면, 나는 지금 오히려 이를 비난하길 주저하지 않을 것이다.

오키나와 현지에서 그해 말에 출판된 이하 후유의 저서 『고류큐』에 붙인 발문에서도 가와카미는, "되돌아보면 내가 일찍이 그곳에 유람할 때, 한 번의 강연으로 뜻밖에도 여러 식자들의 허물을 받고 비난 공격을 당한 것이 거의 극도에 달했다. 이미 설화(舌禍)를 입고 조금 생각한 바가 없는 것은 아니지만, 어찌 차마 또다시 필화(筆禍)를 사겠는가?"라고 쓰고 있다.

이 두 문장을 읽을 때, 진의가 받아들이지 않고 '비국민'으로 취급당하여 오키나와에서 추방된 가와카미의 분한 마음이 전해온다. 동시에 또 자신의 오키나와에 대한 인식은 지금도 변하지 않았다는 그의 신념도 울려 퍼진다.

일찍이 나는 교토대학 경제학부에 소장된 가와카미 하지메 문고에서 그의 오키나와 조사 노트 세 권을 열람하고 복사했다. 능필가이기도 한 가와카미의 필적에는 오키나와 연구에 기울인 강한 의욕이 배어나고 있다. 겨우 1주일밖에 체재할 수 없었음에도 그의 노트는 관련 자료의 발췌, 회고록 류로 채워져 있었다. 그의 필적을 더듬으면서 '설화 사건' 때문에 그의 오키나와 연구가 입구에서 멈춰버린 것이 애석했다.

'동지(同志)' 이하 후유

가와카미가 제시한 문제는 중요했다. 오키나와가 다른 많은 면에서 강한 독자성을 가지고 있다는 그의 지적이 그렇다는 것이 아니다. 그 정도의 지적이라면 가와카미 이전에도 가와카미 이후에도 많은 지식인이 말했다. 무엇보다 가와카미의 문제제기가 중요했던 것은 오키나와의 독자성을 일본 사회의 존재 형태와 관련지어 지적한 것이며, 오키나와의 특이성을 일본의 사상적 상황을 비판하는 시점으로 삼은 태도이다. 결국 오키나와가 가진 독자성을 정당하게 평가할 수 없는 일본의 사상적 상황이나 오키나와의 많은 측면을 진지하게 생각하지 않는 일반의 국가적 틀, 즉 '충군애국', 국가심의 왕성함을 금과옥조로 삼는 입장을 비판한 점이 신선한 것이다.

'설화 사건'은 가와카미의 문제제기를 봉쇄하는 꼴이 되었지만, 사건의 와중에 이하 후유의 모습이 겉으로 드러나지 않은 점이 마음에 걸린다. 자료를 제공하기도 하고, 조사에 동행하기도 하고, 강의를 하기도 하는 식으로 가와카미의 조사를 지원했음에도 불구하고 이하가 공개적으로 가와카미를 옹호한 형적이 눈에 띄지는 않는다. 굳이 이하의 지원을 찾으려고 한다면 『오키나와 마이니치신문』의 기자로 있던 그의 동생, 이하 게쓰조(伊波月城)로 하여금 가와카미 옹호 캠페인을 펴게 한 정도일까?

하지만 이하 후유는 그 특유의 조용한 스타일로 가와카미의 주장에 공명하고 있었다. 오키나와인에 의한 오키나와 연구의 시작이라고 할 위치를 점하는 기념비적인 저작 『고류큐(古琉球)』를 이하는 '설화 사건'이 일어난 그해 말에 발표했으며, 앞에서 서술한 것처럼 이 책에 의도적으로 가와카미의 발문을 게재했다. 그리고 '설화 사건'으로부터 11년 후에 『고류큐의 정치(古琉球の政治)』(1922)를 출판했다. 이 책에는 쫓겨나듯 교토로 돌아간 가와카미가 보낸 한 편의 논문이 실려 있다. 「스진(崇神) 천황의 조정, 신궁(神宮)과 황거(皇居)의 구별이 새롭게 나타난 사실은 국가 통일의 일대 시기를 획하는 것이다는 나의 의견」이란 제목의 이 논문에 대해 이하는 "나의 쇼신 왕 시대의 연구와 동일 필법임을 보고 놀랐다"고 서술했다. 이어서 가와카미의 논지를 자세히 소개하고, 그 뒤에 이하 자신의 논지를 전개하고 있다. 『고류큐의 정치』의 속표지에는 "이 소책자를 내가 존경하는 가와카미 박사에게 바친다"고 명기했다.

이것만이 아니다. 후에 가와카미가 공산당에 입당하고 정치활동에 투신하여 마침내 탄압을 받고 교토에서 연금 상태의 나날을 보낼 때인 1943년(쇼와 18년), 도쿄에 있던 이하는 자신의 저작과 함께 오키나와산 흑사탕을 보냈고, 또 편지를 써서 종종 가와카미를 격려했다. 그리고 그해 세모(歲暮)가 다가오는 12월 28일, 이하는 오사카로 가는 도중 교토의 가와카미를 방문했다. 가와카미는 그날 일기에 "이하 후유 씨, 3시 지나 내방하다. 30년 만의 해후지만, 어제 만난 친구같이 흉금을 털어 놓고 얘기를 나누었다. 근래의 즐거운 일로 이보다 즐거운 일이 없다고 생각한다. 5시, 히가시이치조(東一条)의 전차 정류장까지 배웅했다"고 쓰고, 또 다음날의 일기에는 "어제 이하 씨를 만날 수 있어서 몹시 기뻤고, 저녁을 먹은 후에도 아직 흥분이 가시지 않는다"고 쓰고 있다(가와카미 하지메, 『만년의 생활기록』하).

이하는 가와카미를 존경하고 그의 논리에 공명하는 '동지'였다. '설화 사건'의 와중에서가 아니라, 둔하고 느리게 보일지 모르지만 지속적인 마음으로 공감의 뜻을 표명하는 '동지'였다.

3. 독자성의 원점

이하 후유의 고투

사실 이하는 가와카미를 만나기 전에 이미 가와카미의 의견과 공명하는 독자적인 인식을 가지고 있었다. 가와카미가 오키나와에 오기 4년 전, 1907년(메이지 40년) 가와카미의 강연회를 주최한 같은 단체인 오키나와교육회의 요청에 따라 오키나와현사범학교에서 "향토사에 대한 나의 견해"라는 제목으로 강연을 했을 때의 일이다. 고난에 찬 오키나와의 역사를, 특히 인물 중심으로 해설한 후 이하는 참석한 '식자(슈리의 구 지배층, 본토에서 온 관료, 거류상인 등)' 앞에서 이렇게 말하고 있었다.

나는 오키나와인이 이 일치하는 바를 크게 발휘시키려 한다는 것은 곧 오키나와인으로 하여금 유력한 일본제국의 한 구성원이 되게 하는 소이일 것이라고 생각합니다. 혹시라도 지금까지의 타성의 힘으로 류큐 고유의 것을 모조리 때려 부수려는 사람이 있다면, 이것은 곧 양 민족[일본 민족, 류큐 민족] 사이에 있는 정신적 연쇄를 끊는 것입니다. 역사를 무시하는 것입니다. 지금 말씀드린 대로 일치하는 점을 발휘시키려는 것은 원래 필요한 일입니다만, 일치하지 않는 점을 발휘시키는 일도 더욱 필요합니다. 일치하지 않는 점이라면 조금 어폐가 있기 때문에 타인이 모방할 수 없는 점이라고 해 두지요. 나는 누구나 타인이 도저히 흉내 낼 수 없는 특질을 가지고 있다고 생각합니다.(『오키나와

신문』 게재. 월일불명)

이하는 본토와 '일치하는 바'를 크게 발휘하는 동시에 본토와 '일치하지 않는 점'을 발휘하는 것도 또 중요하다고 말하고, 그 때문에 "류큐 고유의 것을 닥치는 대로 때려 부수려고 하는", 종래의 "역사를 무시하는" 어리석은 행동과 편견을 고쳐야 한다고 말했던 것이다.

그러면 왜 '설화 사건' 때 이하는 공개적으로 가와카미를 옹호하는 논진(論陣)을 펴지 않았는가? 나는 이렇게 생각한다. '사건'이 일어난 환경은 가와카미에게 있어서는 지나가는 곳에 불과하다. 더이상 있을 수 없으면 그곳을 떠나면 그만이다. 그러나 이하에게 '사건'이 일어난 환경은 일상의 공간이어서 떠날 수 없는 숙명적인 상황이다. 그는 문제투성이인 사회 상황과 맞서서 이것을 어떻게 타개할까 하는 뜻을 속에 감추고는 오키나와 연구자의 길을 선택했을 것이다. 따라서 이하에게 '가와카미 하지메 설화 사건'은 어디까지나 '국지전'이다. 오키나와 문제의 전체 전선을 전망하고자 하는 고투를 계속하는 그의 입장에서 그 사건을 보면, 단단히 벼르고 적극적으로 나설 장면은 아니라고 생각했을 것이다.

독자성을 띤 오키나와 사회를 일본 사회 속에 어떻게 자리매김할 것인가? 이 문제에 대해서 가와카미는 일본 사회의 존재 형태까지 연동시킨 주장을 제시했다. 그러나 이하는 가와카미에게 공명하면서도 본토와 '일치하는 바', '일치하지 않는 점'을 동시에 고려하면서 그 위에서 오키나와가 가진 독자성을 강조한다는 굴절된 논리를 전개하지 않을 수 없었다. 아마도 오키나와 입장에서 자기가 가진 독자성을 고양하고 그것을 논거로 일본 사회의 존재 형태를 문제 삼으려 했을 때, 당시 일본은 '충군애국사상'이 너무 강한 사회이고 다른 존재를 허용하지 않는 획일화의 논리가 위세를 떨치는 사회였기 때문일 것이다.

불문에 부쳐진 논점

'가와카미 하지메 설화 사건'을 읽으면서 나는 오키나와의 독자성에 대해서 다시 생각했다. 가와카미가 명쾌하게 주장한 문제, 이하가 조심스럽게 말한 문제는 그 후 오키나와 연구의 역사에서 어떻게 취급되었을까 하고.

대체로 말하면 이 문제는 아마도 그 후의 연구사에서 불문에 부쳐졌다는 것이다. 근대 일본의 사상적 상황은 더욱 혹독해져 다양성을 살리기보다는 획일화를 강요하는 방향으로만 움직였다. 따라서 오키나와 연구에서 보면 '일치하는 바'를 발휘하는 것만 강제되는 과정이었다. 게다가 오키나와 연구의 전체적인 기조도 또 그 경향을 도와주었다.

야나기타 구니오(柳田國男, 1875~1962)[9]나 오리구치 시노부(折口

---

9) 일본 민속학을 학문으로서 정립한 민속학자. 도쿄제국대학 졸업 후 관직에 있다가 1919년에 귀족원 서기관장을 퇴직하고 민속학 연구에 전념하여 일본 민속학의 비조가 되었다. 저서로는 『야나기타 구니오집』이 있다.

信夫, 1887~1953)[10] 등의 참여로 오키나와 연구의 주류는 서서히 민속학, 민족학이 담당하게 되었다. 옛 관습이나 전통을 전하고 있는 오키나와의 사례는 고대 일본을 해명하는 중요한 단서라고 강하게 인식되어 '일치하는 바'의 탐구가 유행했다. 이에 호응하듯 오키나와 현지에서도 교사 등의 향토 연구자가 배출되었고, 수많은 민속보고서가 나오게 되었다. 이들의 연구 조류는 확실히 본토와 오키나와의 조사·연구에 제휴관계를 갖게 하고 오키나와 민속문화론의 기초를 쌓았다는 점에서 특필할 만한 성과를 남겼다. 하지만 가와카미가 주장하고 이하가 조심스럽게 말한 문제에 관해서 말한다면, 그 가장 중대한 논점으로부터는 상당히 벗어난 것이었다고 할 수 있다. 오키나와의 개성적인 민속 사례를 집적하면서도 그것을 형성한 독자적인 역사 체계의 문제가 정면에 놓이지는 않았던 것이다. 더군다나 학문적 성과에 입각하여 개성적인 오키나와를 포함한 일본 사회의 존재 형태에 대해 발언하려는 자세는 갖지 않았다.

그리고 오키나와 전투를 맞이하고 전후의 미국 통치 시대에 이르렀다. 이민족 통치 아래 전개한 조국복귀운동은 기본적 인권의 회복 및 반전평화 등을 내걸고 일본국 헌법 체제 아래로의 복귀를

---

10) 일본의 민속학, 국문학 연구자. 1910년 고쿠가쿠인대학(國學院大學)을 졸업하고 민속학 등에 관심을 갖고 게이오기주쿠대학(慶應義塾) 교수로서 문학사, 예능사, 민속학, 국어학, 고전 연구, 신도학, 고대학 등의 분야에서 성과를 거두었다. 일본민속협회 설립에 참여하여 간사가 되었고, 가부키에도 조예가 깊다. 저서로는 『오리구치 시노부 전집』이 있다.

요구함으로써 오키나와 현민의 정치의식을 고양시켰다. 그러한 기운에 연동하는 형태로 역사 연구 분야에서는 1879년(메이지 12년)의 류큐 처분을 중심으로 한 근대사의 규명이 진행되어, 근대 일본의 민족통합 혹은 민족통일에 있어서의 류큐 문제가 무엇인지 하는 논점과 류큐 처분 후 근대 오키나와의 내실을 제시하고 근대 일본의 특질을 어떻게 볼 것인지 하는 논점 등을 문제로 삼았다. 그점에서는 가와카미가 주장하고 이하가 조심스럽게 말한 문제에 대한 진지한 검토가 시작되었다고 해도 좋다. 그렇지만 내가 보기에는 류큐 처분 문제를 중심으로 한 근대사 연구 동향에는 처분되어 오키나와현이 된 지역의 독자성을 어떻게 생각할까 하는 문제에 대한 철저함이 빠져 있었다. 바꾸어 말하면, 근대사의 전제로서 존재했던 오키나와의 전근대사 총체, 결국 류큐 왕국에 대한 명확한 전망이 희박해서는 안 된다는 것이다.

도대체 오키나와의 독자성의 정체란 무엇인가? 오키나와를 근대 일본으로 통합시키는 경위를 좌우하고 처분 이후 본토로의 일체화에 다양한 색채를 준 독자성이란 무엇인가? 이 문제를 정면으로 다룬 논의는 너무 적다.

가와카미 하지메가 주장하고 싶었던 것, 이하 후유가 조심스럽게 말한 것, 그것을 나는 이렇게 파악한다. 오키나와의 땅에 일찍이 '류큐 왕국'이라는 독자 국가가 있었고, 그것 때문에 '일본 밖의 오키나와' 시대가 오랫동안 계속되었다는 것, 이윽고 그 '왕국'이 부정되고 '일본 속의 오키나와' 시대가 도래했지만, 아직도 '일본 속의 오키나와' 안에 '일본 밖의 오키나와'가 내포되어 있다는 문제였다고. '국가심이 다소 박약한 점'이 나타난 것은 그 때문이며, 또한 야마토=본토와 '일치하지 않는 점'='타인이 모방할 수 없는 점'을 농후하게 보유하고 있는 것도 그 때문이다.

오키나와는 일본의 국가 체제와는 다른 형태로 자기 소유의 '왕국'을 만들어 냈으며, 그 '왕국'이 시간이 가면서 일본 사회의 일원으로 편성되는 역사 과정을 밟았다. 따라서 오키나와 전근대사의 목표는 이 '왕국'의 형성 과정이나 내용 혹은 변용을 해명하는 것이며, 근대사의 목표는 '왕국'이 어떻게 붕괴하고 '왕국'을 가진 지역이 어떻게 일본 사회 속에 편성되었는지를 규명하는 것이다.

유사 이래 일본 사회는 하나의 국가로서 변천해 왔다고 하는 단일국가론의 역사상이 가와카미 하지메의 주장을 봉쇄했고, 이하 후유의 주장을 조심스럽게 만든 것이다. 그렇다면 이 단일국가론의 신화를 깨부술 정도의 진실, 즉 '류큐 왕국'상을 제시함으로써 비로소 선인들의 생각을 계승할 수 있는 것이다. 그렇다면 일본 사회 속에 존재한 또 하나의 국가, '류큐 왕국'을 제시하는 것이 내가 지향하는 전근대사 연구의 중심적인 과제가 될 것이다.

제2장 **고류큐(古琉球)**[1]**의 시간**

1. 변혁의 시대가 시작되다

오키나와 역사의 새벽

오키나와 섬들에는 일찍이 구석기 시대부터 인류 생활의 흔적이 있었다. 오키나와 본도 남부에서 발굴된 '미나토가와인(港川人)'은 탄소측정법에 의하면 약 1만 8,000년 전의 것으로, 형질인류학자들 사이에서 일본인의 루트를 살필 수 있는 중요한 인골이라고 평가되고 있다(나하시에서 발견된 '야마시타동인山下洞人'은 더욱 오래되어서

---

1) 오키나와의 시대 구분으로 농경사회의 성립(12세기경)으로부터 시마즈씨(島津氏)의 침략 (1609)까지 약 500년간을 가리키는 말.

3만 2,000년 전의 것이라고 한다).[2] 그리고 일본 본토에서는 1만 3,000년 전에서 1만 년 전 정도 사이에 조몬(繩文) 시대가 시작되었다고 한다. 오키나와의 여러 섬에서도 조몬 토기의 한 유형인 손톱무늬(爪型文)[3] 토기의 출토에서 볼 수 있는 것처럼 조몬 문화도 이른 시기부터 존재했음이 확인되고 있다. '원일본문화(原日本文化)'라는 표현이 가능하다면 오키나와의 여러 섬에 거주하고 역사 형성을 시작한 사람들은 일본 열도의 선사문화와 공통의 문화권에 오랫동안 속해 있으면서 같은 '원일본문화'를 소유하고 있었다.

하지만 조몬 시대 후기쯤 되면 조몬 토기문화는 두드러지게 개성화 경향을 띠게 되어 서서히 본토의 선사문화에서 멀어져 갔다.

---

2) 오키나와에서는 현재까지 구석기 시대의 인공 유물이 발견되지 않았으나 갱신세(更新世)에 속하는 사람 뼈가 8개 소의 유적에서 보고되고 있다. 모두 다 신인(新人)으로 원인(原人)이나 구인(舊人)은 발견되지 않았다. 그러나 발견될 가능성은 남아 있다. 신인 가운데 최고의 자료는 3만 2,000년 전의 야마시타동인으로, 7세가량 여자아이의 목뼈와 머리뼈의 파편이다. 3만 년 전이라면 신인 가운데서도 세계적으로 오랜 편에 속하며, 그런 까닭에 그 형질적 특징에 관해서 관계자의 관심도 높지만, 아쉽게도 어린아이 뼈이기 때문에 인종적 특징을 포착하기 어렵다고 한다. 오키나와에서 출토된 신인 가운데 자료가 가장 풍부한 것은 1만 8,000년 전의 미나토가와인으로 5~9인분의 자료가 입수되었다. 그 형질적 특징을 인류학자인 바바 히사오(馬場悠男) 박사는 '동아시아에서 가장 오래된 몽골리언(신인)'이라고 평하고 있다. 다카미야 히로에이(高宮廣衛), 「류큐 제도(琉球諸島)의 선사시대문화(先史時代文化) 개관: 연구의 현황과 과제」, 『비교문화연구』 제7집 1호, 2001, p.96.

3) 토기의 표면 전체에 손톱 모양이 찍혀 있는 심발형(深鉢形) 토기로, 북으로 아오모리현으로부터 남으로 규슈에 이르기까지 널리 분포한 조몬 시대 조기의 토기이다. 이 토기는 오키나와 본도 각지에도 분포하여 있으며, 도카시키 섬(渡嘉敷島)이 최남단이고 미야코(宮古)·야에야마(八重山)에서는 발견되지 않는다. 지금까지 오키나와에서 발견된 토기로는 가장 오래된 토기라고 한다.

다음의 야요이(弥生) 시대가 되면 확실히 오키나와의 유적에서도 야요이 토기와 같은 형식의 토기가 상당히 출토된다.[4] 하지만 야요이 문화의 근간을 이루는 벼농사를 지었는지에 대해서는 대부분의 고고학자들은 회의적이다. 현 시점의 고고학적 자료를 보는 한 야마토 사회에서 야요이 문화가 미쳤던 영향에 비하면 오키나와의 경우는 현저하게 제한적이었다. 야마토 사회가 야요이 시대로부터 고분(古墳) 시대, 율령제 국가 시대로 급격히 변동하고 있을 때 오키나와에 거주하는 사람들은 해안에 가까운 낮은 지대에 살면서 산호초 해역의 낮은 라군(lagoon, 礁湖)에서 조개를 줍고 물고기를 잡는 생활을 하고 있었다. 아마도 잠자듯이 조용한 나날을 남쪽 섬들에서 보내고 있었을 것이다.

그러면 당시 오키나와는 외계로부터 동떨어진 사회였는가 하면 그렇지 않다. 동중국해(東中國海)를 내해로 삼는 여러 지역과 일정한 교류를 하고 있었음을 알 수 있다. 규슈(九州)의 야요이 시대의 묘에서 출토된 인골의 팔에 끼워진 고호우라 조개로 만든 팔찌는 오키나와 근해에서 채집된 것이라고 하며, 또 명도전(明刀錢), 오수전(五銖錢), 개원통보(開元通寶) 등 중국 전국 시대부터 당 시대에 걸쳐 주조된 몇 개의 화폐가 오키나와 유적에서도 출토되기 때

---

4) 류큐 열도에 전개된 선사 토기문화의 최대 특징의 하나는 남북 양 계통의 문화가 보인다는 것이다. 즉, 야요이 시대의 문물인 야요이식 토기 · 철기 · 청동기 등이 오키나와에서도 발견되고 있지만, 사키시마 제도(미야코 제도와 야에야마 제도)에는 조몬 문화와 야요이 문화가 미치지 않고, 오키나와 제도와는 다른 남방 기원의 독특한 선사문화가 개화하고 있었다. 다카미야 히로에이, 앞의 논문, pp.98~100.

문이다.

더욱이 『일본서기(日本書紀)』, 『속일본기(續日本紀)』 등의 문헌에는 7, 8세기경에 오키나와의 일부를 포함한 규슈 이남의 섬들[남도(南島)라고 총칭된다]의 주민들이 공물을 가지고 야마토 국가에 인사를 가기도 하고, 야마토 국가로부터 관위를 받기도 했다는 기사가 등장한다. 또 한반도 근처의 항해가 위험해졌을 때 견당사(遣唐使)[5] 배는 규슈 이남의 섬을 따라 가는 항로를 택하게 되었지만, 그때 항로 확보의 관점에서 야마토 국가가 남쪽 섬들에 관여한 사실도 알려져 있다. 753년에는 유명한 감진화상(鑑眞和尙, 689~763)[6]이 탄 배가 '아아나파 섬(阿兒奈波島)'에 표착했고, 얼마 동안 이 섬에서 체재한 후 야마토로 갔다고 하는데(『당대화상동정전(唐大和上東征傳)』) '아아나파 섬'은 현재의 오키나와 본도라는 것이 통설이다.

그런데 중국의 역사책 『수서(隋書)』(636년)에는 흥미로운 기사가 있다. 동중국해의 건너편에 '유구(流求)'라는 화외(化外: 중국의 영향 하에 있지 않은 미개 지역)의 나라가 있다고 지적하고 그 나라의 풍속과 습관에 대해 비교적 자세히 서술한 것이다.[7] 오키나와를 생각

---

5) 일본에서 당나라에 파견한 사신 630년부터 894년까지 12차례(20차례 설이 있음)에 걸쳐 파견되었으며, 매차 200~500명이 다녀갔다. 사신을 따라 많은 유학생과 승려들이 드나들면서 문화 및 제도를 수입했다.

6) 당나라 양주 출신 승려로 강남 제일의 계율승으로 이름이 높았는데, 여섯 번의 실패 끝에 753년 일본에 건너가 도다이지(東大寺)에 계단원(戒壇院)을 창건하고 일본 율종의 개산조가 되었다. 나라(奈良)의 도쇼다이지(唐招提寺)는 그가 창건한 절로 유명하다.

7) 『수서(隋書)』 권81, 「유구국(流求國)」.

하게 하는 기술이 등장할 것으로 생각되지만, 오키나와에는 전혀 살지 않는 동식물의 기사를 포함하는 등 쉽게 해석할 수 없는 곤란한 사료이다. 1945년 이전부터 '유구'를 타이완으로 보는 설, 오키나와로 보는 설, 타이완과 오키나와를 뒤섞어 썼다고 하는 설이 대립하고 있어 설득력 있는 해석은 아직 제시되지 않고 있다.

이렇게 해외 여러 지역과 교류한 증거는 확실히 있다. 하지만 그것은 항상적인 것이 아니라 우발적인 것이었다고 이해해야 할 것이다. 오키나와 여러 섬에 거주하는 사람들의 생활방식을 일변시키는 듯한 연속적인 현상은 유물·문헌자료 어디에도 보이지 않는다. 야마토 국가의 '남도(南島)'에의 간여는 결코 안정된 것이 아니고, 중국 문물을 가져온 선박의 항해도 항상 오키나와 섬들을 목적지로 삼았다고는 생각할 수 없다. 역시 남쪽 여러 섬의 주민은 라군에서 조개와 물고기를 채집하는 조용한 나날을 보내고 있었다고 생각해야 한다. 조몬 문화 이후 오래 계속되었던 이 채집 경제사회의 시대를 고고학자는 패총 시대(貝塚時代)[8]라고 한다.

오히려 여기서 주의해야 할 사실이 있다. 같은 오키나와라고 해도 미야코(宮古)·야에야마(八重山)[총칭하여 사키시마(先島)라고 한다]의 유적에서는 야요이 토기는 물론 조몬 토기도 전혀 출토되지 않았다는 것이다. 그 대신 토기의 몸통 부분에 귀 모양의 돌기를 붙

---

8) 오키나와 제도에서의 선사 시대 호칭의 하나. 조몬 시대로부터 헤이안 시대까지의 기간을 가리키며 조기·중기·후기로 구분한다. 조기·중기가 조몬 시대, 후기가 야요이 시대~헤이안 시대에 해당된다.

인 가이지(外耳) 토기, 샤코 조개로 만든 조개도끼(貝斧),[9] 혹은 불에 달군 돌 위에 조리물을 올려놓고 찜구이를 하는 스톤 보일링용의 돌이 출토되는 등 동남아시아, 남태평양의 문화와 연결된 흔적이 인정된다. 오키나와 내부에서조차 통일적인 문화 상황은 아직 형성되지 않고 매우 다양한 상황이 펼쳐지고 있었다.

하지만 언어학자들의 오랜 연구에 의해 밝혀진 것처럼 미야코·야에야마의 방언도 아마미(奄美)·오키나와 방언과 마찬가지로 류큐 방언[10]을 구성하고 일본어 계통에 속하는 말이다. 그럼에도 불구하고 물질문화의 면에서는 왜 '남방적' 성격을 가지는가? 이것은 불가사의한 문제에 속한다.

---

9) 조개도끼 문화는 지금으로부터 2500~1800년 전에 분포했다. 조개도끼는 태평양 제도에 널리 분포하고 있으며, 특히 폴리네시아, 미크로네시아, 멜라네시아 등에도 광범위하게 분포하고 있다. 최서단의 분포지는 필리핀의 술루 제도와 팔라완 섬이다. 사키시마 제도의 조개도끼는 팔라완 섬의 것에 근사하다고 한다. 다카미야 히로에이, 앞의 논문, pp.114~118.

10) 류큐어 혹은 류큐 방언은 류큐 열도, 즉 아마미 제도와 류큐 제도(오키나와 제도, 사키시마 제도)에서 널리 사용하는 언어 혹은 방언이다. 현재도 쓰고 있지만, 주로 고령자들이 사용한다. 독립 언어로 보는 경우 일본어와 같은 계통인 유일한 언어로 간주되며, 일본어족 류큐 어파로 분류하는 학자도 있다. 그러나 일본어의 한 방언으로서 류큐 방언의 입장을 취하는 언어학자도 많은데, 이 입장에서는 남도 방언 또는 류큐 방언이라고 부른다. 일본어는 크게 류큐 방언과 본토 방언으로 분류할 수 있다고 한다. 류큐어(류큐 방언)는 오키나와 방언, 구니가미 방언, 미야코 방언, 야에야마 방언, 요나구니 방언, 아마미 방언으로 나누어진다. 오키나와 방언은 오키나와벤, 우치나구치라고도 하는 슈리 방언과 같다.

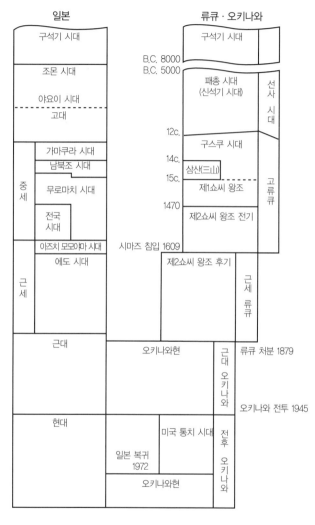

일본		류큐 · 오키나와	
구석기 시대		구석기 시대	
	B.C. 8000		
조몬 시대	B.C. 5000	패총 시대 (신석기 시대)	선사 시대
야요이 시대			
고대			
	12c.	구스쿠 시대	
중세	가마쿠라 시대		
	14c.	삼산(三山)	고류큐
	남북조 시대	15c.	제1쇼씨 왕조
	무로마치 시대		
	전국 시대	1470	제2쇼씨 왕조 전기
근세	아즈치 모모야마 시대	시마즈 침입 1609	
	에도 시대	제2쇼씨 왕조 후기	근세 류큐
	근대	오키나와현	근대 오키나와	류큐 처분 1879
				오키나와 전투 1945
	현대	미국 통치 시대 / 일본 복귀 1972	전후 오키나와
		오키나와현	

류큐 · 오키나와 및 일본의 시대 대조표

구스쿠 시대의 도래

조용한 섬 생활이 갑자기 분주해지기 시작한 것은 생각보다 오래전 일이 아닌 12세기 전후부터였다. 고고학자가 구스쿠 시대라고 부르는 혁신적인 시대를 맞이한 것이다. 이 시대는 다음과 같은 특징을 가지고 있다.

첫째, 구스쿠 시대 유적에서는 대량의 탄화 쌀이나 보리가 출토되었다. 오키나와 사회도 본격적인 곡류 재배 농경의 단계에 돌입한 것이다. 둘째, 도자(刀子: 나이프 형태의 날 있는 도구)를 중심으로 한 철제 칼날 도구가 상당히 출토되었기 때문에 철기문화가 본격적으로 시작되었음을 알 수 있다. 셋째, 아마미(奄美)의 도쿠노시마(德之島)가 제조 센터인 스에키(須惠器)가 아마미, 오키나와, 사키시마에 공급된 것처럼 도서사회 내부에서의 교류가 활발해져 서서히 일체적인 문화권 형성의 움직임이 시작되었다. 구스쿠, 구시쿠, 스쿠라고 불리는 구조물 배소(拜所)·성채(城砦) 등이 등장했던 것도 이 시대의 일이다. 넷째, 중국의 도자기, 일본의 활석제 석과(滑石製石鍋)[11]가 출토된 것에서 볼 수 있는 것처럼 외래문화가 지속적인 형태로 충격을 가하기 시작했다. 다섯째, 사람들은 대체로 석회암 대지나 구릉지대에 거주하게 되었고, 이에 따라 천연의 용수를 이

---

11) 12세기 규슈의 사가현(佐賀縣)에서 매우 연한 활석(滑石)이 생산되면서 이것으로 냄비 모양의 그릇을 만들었는데 이를 활석제 석과(滑石製石鍋)라고 한다. 이것은 매우 값비싼 교역품으로서 동쪽으로는 간토(關東) 지방 근처까지 갔고, 남으로는 규슈를 넘어 아마미·오키나와, 나아가 야에야마에서도 발견되었다.

용하여 소규모의 논을 개간하는 등 앞 시대에 비하면 토지 이용 면에서 큰 변화가 일어나고 있었다. 그리고 여섯째, 이러한 사회변화를 이어받아 각지에 아지(按司)[12]라는 수장층(首長層)이 대두하여 작은 정치집단을 형성하기 시작했다. 아지는 구스쿠(＝성채)를 쌓고 서로 대립하게 되어 서서히 격동의 양상을 드러내게 되었다.

왜 구스쿠 시대라는 변혁의 시대가 도래했을까? 이 문제는 오키나와 내부만을 아무리 관찰한다 해도 해결되지 않는다. 왜냐하면 구스쿠 시대의 시작은 전체적이고 구조적인 것이고, 외래문화의 충격으로 상징되는 것처럼 오키나와 섬들을 둘러싼 국제사회의 동향을 주시하지 않으면 안 되기 때문이다.

예컨대 우선 고대사회에서 중세사회로 전환하고 있던 일본 열도의 에너지, 구체적으로는 지방무사단을 중심으로 한 신흥세력의 활동이 배경으로 떠오른다. 혹은 왜구ㆍ해구라는 이름으로 불리던 민간 무역업자나 무장 무역집단이 오키나와 섬들에 빈번히 내항했는지도 모른다. 또는 벼농사나 단야(鍛冶) 기술 등을 가진 민간인들

---

12) 안지, 아즈라고도 한다. 농경사회가 성립한 12세기경부터 오키나와 각지에 나타났으며, 구스쿠를 거점으로 한 지방호족의 수장이나 그 가족 등 귀인의 칭호로 사용되었다. 제1쇼씨 왕조에서 아지는 왕호 다음의 칭호로서 지방호족 수장의 칭호 등으로 사용되었으며, 또 왕자의 일부도 아지를 칭했다. 그러나 제2쇼씨 왕조의 쇼신왕 때 아지 집거책이 성공하면서 아지는 지방호족의 수장에서 슈리에 거주하는 도시귀족으로 그 성격이 변모했다. 그 후 아지는 국왕, 왕자에 버금가는 신분을 표시하는 칭호가 되었다. 원래 지방호족이었던 아지들의 자손은 그 아래의 계급인 웨카타(親方: 류큐 왕국에서는 親方을 오야카타가 아니라 웨카타라고 함)로 내려가고, 왕족이 아지 계급을 독점하게 되어 아지는 국왕가의 분가가 되었다.

이 들어와서 선진적인 문명을 전했는지도 모른다. 그 구체적인 사정을 전하는 사료는 아직 발견되지 않았지만, 사람·물건·정보의 지속적인 유입을 상정하지 않는 한 구스쿠 시대의 극적인 변화를 설명하기는 어렵다. 이는 금후 일본사 연구의 성과에서 적극 주목하고자 하는 테마 중의 하나이다.

그리고 또 하나는 중국 대륙의 동향이다. 북방 민족의 국가인 '금(金)'이 남진했기 때문에 '송(宋)'은 강남으로 후퇴하여 '남송'을 재건했는데, 그 이후 중국 남부의 개발 에너지가 급속히 높아지고 해상무역도 융성하게 되었다. 오키나와의 유적에서 출토된 중국 도자기의 옛 유형, 예컨대 남송 백자는 중국 대륙에서의 변화의 충격이 간과할 수 없는 것임을 시사하는 것이라고 생각한다.

아마도 12세기 전후의 시기가 되면 동중국해는 이전보다 한층 더 해상교통 면에서 활황을 맞게 되었을 것이다. 그 활동세력 중에 일본의 지방무사단이나 남송의 무역세력 등의 활발한 움직임이 오키나와 섬들의 생활방식을 격변시킨 원인이 된 것이 아닐까? 다만 오해가 없도록 미리 말해 두자면, 외래자(外來者)가 대량으로 몰려와서 오키나와 섬들을 정복했다거나 다수의 이주자들이 섬들의 주도권을 장악했다는 그런 상황을 상정하고 있는 것은 결코 아니다. 도서지역을 크게 변용시킬 정도의 사람·물건·정보의 흐름이 동중국해 부근으로 급속히 퍼지기 시작했던 상황을 강조하고자 할 뿐이다.

2. 왕국으로의 길

3개 세력권의 출현

류큐 왕국 형성의 기점은 변혁의 단계인 구스쿠 시대의 활력이다. 그리고 지방 수장으로서 각지에 대두한 아지들의 항쟁이 드디어 왕국 형성으로 이어지게 되었다.

14세기가 되면 강대한 아지들에 의해 오키나와 본도에 세 개의 세력권이 출현했다. 나키진(今歸仁) 아지는 본도의 북부지역을 장악하여 잔호쿠[山北. 또는 호쿠잔(北山)]를 형성하고 나키진구스쿠를 거점으로 삼았다. 우라소에(浦添) 아지는 중부지역에 군림하며 주잔(中山)을 수립했다(그 거점이 우라소에구스쿠). 남부지역을 가진 오자토(大里) 아지는 시마지리오자토(島尻大里)구스쿠[시기에 따라서는 시마소에오자토(島添大里)구스쿠]를 거점으로 하여 잔난[山南. 또는 난잔(南山)]의 패자가 되었다. 이 세 명의 아지는 각각 '왕'을 자칭하는 존재여서 세 세력이 정립하는 이 시대를 삼산(三山) 시대[13] 라고 부른다. 현재도 오키나와 본도를 북부[구니가미(國頭)], 중부 [나카가미(中頭)], 남부[시마지리(島尻)] 셋으로 구분하는 습관이 있는

---

13) 1322년경부터 1429년까지를 가리키는 고대 류큐의 시대 구분 중의 하나. 오키나와 본도에서는 13세기에 들어서면 각지에서 성을 쌓고 아지를 통솔하는 강력한 왕이 등장했다. 14세기에는 세 나라가 되었으니, 남부의 난잔(또는 잔난), 중부의 주잔, 북부의 호쿠잔(또는 잔호쿠)이 그것이다. 세 개의 왕조가 병립하는 시대가 약 100년간 계속되었다. 모두 중국의 명제국에 조공하고 교류했지만, 주잔의 쇼씨가 세력을 증대시켜 호쿠잔 (1416년)과 난잔(1429년)을 멸망시켜 류큐를 통일했다.

삼산(三山) 시대의 구스쿠

구스쿠는 구시쿠, 스쿠라고도 부르며, 현재는 일반적으로 조금 높은 구릉 위에 있는 성과 요새를 가리킨다. 그러나 성·요새적인 것이 전혀 없는 구스쿠도 많기 때문에 본래 의미하는 것은 성역(聖域)이라는 설과 집락 흔적이라는 설이 있어서 확실하지 않다. 오키나와 각지에는 200개 이상의 돌로 쌓은 구스쿠가 있다고 하지만 몇 개의 예를 빼고 본격적인 발굴조사가 이루어지지 않았다. 성벽이 남아 있는 성·요새로서 나키진구스쿠와 나카구스쿠가 유명하다.

데, 그 기원은 삼산 시대의 세력권에서 찾는다.

하지만 '왕(王)'을 칭했다고 해도 삼산의 내실은 각지에서 구스쿠(城砦)를 쌓고 세력을 뻗치는 복수의 아지들을 복속시킨 느슨한 지배 형태에 불과하고, '왕'이란 것도 '아지 연합체'의 맹주 정도의 지위에 지나지 않았을 것이다. 실제로 잔난에서는 종종 맹주의 자리를 다투는 내분이 발생하여 그때마다 맹주인 '잔난왕'을 자칭하는 인물이 바뀌었다.

삼산이 대립하는 상황은 그대로 두었더라도 결국은 통일권력의 형성을 향해 변해 갔을 것이지만, 그 움직임을 가속시킨 힘이 외부에서 밀어닥쳤다. 그 힘은 북쪽의 일본 열도에서가 아니라 동중국해 너머 서쪽의 중국에서 밀려왔다.

1368년 오랫동안 중국을 지배해 왔던 몽골인의 국가 '원(元)'이 멸망하고, 한족의 국가인 '명(明)'이 건국되면서 그 정권교체극의 여파가 순식간에 오키나와 섬들에도 밀려왔다. 명 초대 황제 홍무제는 건국 후 즉시 여러 나라에 사자를 보내 신국가 탄생을 알리고 복속을 촉구했다. 명 성립 4년 후인 1372년 양재(楊載)를 단장으로 하는 사절단이 '류큐(琉球)'에 파견되어 삼산의 하나인 주잔왕(中山王) 삿토(察度, 1321~1395)[14]에게 입공을 촉구했다.

---

14) 30세 때 우라소에의 에이소(英祖) 왕통을 멸망시키고, 삿토 왕통을 세웠다. 그때 에이소 왕통의 금을 모두 무기나 농구에 필요한 철을 사는 데 썼다고 한다. 1370년경 명의 사자에 답하여 동생 다이키(泰期)를 조공사로 보냈다. 하지만 에이소 왕통의 잔당 세력인 요미탄잔(讀谷山) 아지를 비롯하여 잔호쿠 왕국, 잔난 왕국 사이에 전쟁이 끊이지 않았다.

'입공'이란 중국 황제 권력에 대해 복속을 표하기 위한 외교적인 행위이다. 양재가 가지고 온 홍무제의 조서에는 국명을 '대명(大明)', 연호를 '홍무(洪武)'로 정했다는 것, 사자를 주변의 여러 나라에 보냈는데 많은 나라들이 '입공'하여 왔다는 것 등을 설명한 다음, "그대 류큐는 중국의 동남, 바다 멀리 있기 때문에 아직껏 이 사실을 모르고 있다. 그래서 특별히 사자를 파견하여 설명토록 하니 잘 알도록 하라"고 했다(『명실록(明實錄)』). 사실은 '류큐'란 글자가 기록에 등장한 것은 이 『명실록』이 최초이다. 이후 아마미 지역, 오키나와 지역, 사키시마 지역을 총칭한 용어로서 '류큐'란 이름이 정착되게 되었다. 현지의 삼산 세력이 섬들을 통일하여 총칭을 말하기 전에 밖으로부터 '류큐'라는 총칭이 주어졌던 것이다.

양재의 류큐 방문은 그 후 류큐 역사에 결정적인 영향을 미쳤다. 류큐 측으로서는 명의 권유를 거절할 수 있었겠지만, 류큐 내부에서 삼산이 대립하고 있음을 생각하면 물 건너려는 데 마침 나루터에 배 있는 격이라고 할 수 있을 것이다. '입공'이라는 형태로 얻은 방대한 무역 이익, 또 류큐의 패자로서의 정통성 획득도 큰 매력이었다. 양재의 방문을 받은 주잔왕 삿토는 세계 제국인 명과 관계를 맺고 다른 호쿠잔(北山)과 난잔(南山)에 대해 유리한 입장을 갖게되었다. 덧붙여 말하면, 이때 명의 기록에 이름이 기재되었기 때문에 삿토는 류큐 역사상 실재가 분명한 첫 번째 인물이 되었다.

그러면 황제의 사자 양재가 일부러 먼 외딴섬을 방문하여 입공을 촉구한 목적은 도대체 무엇일까? 이유는 두 가지였다. 하나는 말할 것도 없이 중국 황제를 정점으로 하는 세계질서(책봉체제) 건설을 위한 네트워크 형성의 일환으로서 류큐도 그 일원에 넣으려는 의도에서였다. 또 하나는 당면한 긴급과제로서 류큐의 말(작은말)과 유황을 얻기 위해서였다. 몽골 세력을 장성(만리장성) 너머로 쫓아냈다고 해도 그들은 여전히 중국에 대하여 다시 침입할 기회를 엿보고 있었다. 이 때문에 명으로서는 그들에게 타격을 가하는 군사 행동을 잇달아 계속해야 했고, 이를 위해서는 화약의 원료인 유황과 전선으로 군수물자를 운반하는 말의 확보가 필요했기 때문이다.

삿토는 책봉체제의 일원이 되는 것을 표명하기 위하여 양재의 귀국선에 동생 다이키(泰期)를 단장으로 하는 사절단을 동승시켰다. 다이키는 공무를 띠고 동중국해를 건넌 최초의 류큐인이 되었던 것이다. 그해 이후 주잔왕이 파견하는 선박이 매년 중국으로 도항하게 되었고, 그 결과 주잔의 세력은 다른 잔호쿠와 잔난을 압도했을 것으로 여겨진다.

그러나 잔호쿠, 잔난은 주잔의 행동을 가만히 보고만 있었을 리 없었다. 다이키가 처음 동중국해를 건넌 해부터 헤아려 8년 후인 1380년 잔난왕 쇼삿토(承察度)[15]도 중국으로 사자를 파견하여 주

---

15) 오자토(大里) 왕통은 잔난 왕국(난잔 왕국)의 왕통이다. 전기는 시마소에 오자토를, 후기는 시마지리 오자토를 본거지로 삼았다. 쇼삿토(承察度)는 재위가 60년 가까이나 되고, 명에 조공한 쇼삿토가 제2대 왕인 오에이시(汪英紫)의 조카인 것으로 보아 호쿠잔의 하네지(帕尼芝)와 마찬가지로 대대로 계속된 이름이라고 생각된다.

잔과 마찬가지로 책봉체제의 대열에 참여했다. 그리고 3년 후인 1383년 이번에는 잔호쿠왕 하니지(帕尼芝)[16]도 주잔, 잔난과 마찬가지 행동을 취했다. 그 결과 류큐라는 지역을 대표하는 3인의 패자가 모두 중국과 외교관계를 맺는 형국이 되어 버렸다. 주잔왕 삿토의 생각은 아주 간단히 좌절되지 않을 수 없었고, 삼산의 대립은 다시 원점으로 되돌아갔다.

중국 관계를 배경으로 하면서 류큐 통일의 꿈을 도대체 누가 이룰 것인가? 류큐사의 초점은 이 한 곳으로 모아지게 되었다. 그러나 이 과제를 이룬 사람은 주잔, 잔난, 잔호쿠 어느 '왕'도 아니었다. 뜻밖의 복병이 좋은 기회를 엿보고 있었다.

통일왕조의 수립

잔난의 휘하에 있던 사시키(佐敷) 아지 시쇼(思紹)는 사시키위(佐敷上)구스쿠를 거점으로 한 작은 수장에 불과했지만, 그의 아들 쇼하시(尚巴志, 재위 1421~1439)[17]는 흔히 볼 수 없는 영걸이었던 것

---

16) 하니지(하네지) 왕통은 잔호쿠(호쿠잔) 왕국 최후의 왕통이다. 나키진구스쿠를 본거지로 삼고 오키나와 본도 북부와 그 주변의 섬, 아마미 제도 남부를 지배하고 있었다. 하니지는 하네지(羽地)에서 유래했으며, 하네지 아지였다고 생각된다. 명나라에의 조공이 가장 적기 때문에 국력이 삼산 중에서 가장 약했던 것으로 보인다.

17) 쇼하시(1372~1439)는 쇼시쇼왕의 아들로 류큐 왕국 제1쇼씨 왕조 제2대 국왕이다. 21세 때 아버지의 뒤를 이어 사시키 아지가 되었다. 1406년 주잔왕 부네이를 공격하여 삿토 왕조를 멸망시키고 슈리에 수도를 정했으며, 아버지 쇼시쇼를 주잔왕에 즉위시켰다. 1416년 호쿠잔 왕국을 멸망시키고, 1422년 쇼시쇼왕이 죽자 주잔왕에 즉위했다. 1429년에는 난잔왕 다로미(他魯每)를 멸망시키고 삼산을 통일하여 류큐 왕국 최초의 통일왕조인 제1

같다. 부자가 협력하여 세력을 기른 후 1406년에 우라소에구스쿠를 공격하여 삿토 사망 후에 주잔왕이 된 부네이(武寧)를 멸망시키고 시쇼가 주잔왕이 되었다.

『명실록』에 따르면 시쇼는 류큐국 주잔왕 부네이의 '세자' 이름으로 사자를 보내 '아버지' 부네이의 죽음을 고하고 책봉을 요청했다. 무력 찬탈로는 모양새가 나쁘기 때문에 '세자'로서 '아버지' 뒤를 잇는 형식을 취했던 것이다. 이에 응하여 명의 영락제는 이듬해 책봉사를 보내 시쇼를 정식으로 주잔왕에 봉했다. 이 권력 교체극 직후에 쇼하시는 주잔의 거점을 우라소에구스쿠에서 슈리성(슈리구스쿠)[18]으로 옮기고, 그 이전부터 존재했다고 생각되는 슈리성을 정비하여 새로운 주잔왕이 거주하는 도성에 걸맞은 성으로 삼았던

쇼씨 왕조를 수립했다. 그는 재위 중에 슈리성을 확장, 정비하여 왕성(王城)에 걸맞게 만들었으며, 안코쿠산(安國山)에 꽃나무를 심고, 주잔문을 창건하고, 외원(外苑)을 정비했다. 또 나하항을 정비하여 중국, 조선, 일본, 남방 제국 등과 활발히 교역하여 류큐 번영의 기초를 다졌다.

18) 류큐 왕조의 왕성으로 오키나와현 내 최대 규모의 성이다. 창건 연대는 불분명하지만 가장 오래된 유구(遺構)가 14세기 말의 것으로 추정된다. 쇼하시가 수도로 정한 이후 계속 수도로 번영했으며, 현재 복원된 슈리성 건축은 세 번째 화재로 인해 1715년에 재건된 모습이다. 1879년의 류큐 처분 이후에는 정전(正殿) 등 슈리성의 건물이 일본 육군 제6사단의 군영이나 학교로 이용되었다. 제2차 세계대전 이전에는 정전 등이 국보로 남아 있었지만, 1945년의 오키나와 전투와 전후의 류큐대학 건설로 완전히 파괴되어 성벽이나 건물의 기초 일부만이 남아 있었다. 1980년대 전반 류큐대학이 니시하라정으로 이전함에 따라 1980년대 말부터 본격적으로 복원이 이루어져 1992년에는 정전 등의 건축물과 성곽이 재건되어 슈리성 공원으로 공개되었다. 2000년에는 '류큐 왕국의 구스쿠 및 관련 유산군'으로 세계문화유산에 등록되었는데, 다만 슈리성은 '슈리 성적(首里城跡)'으로 등록되고 복원된 건물과 성벽은 세계문화유산이 아니다.

나키진구스쿠(위)와 가쓰렌구스쿠(아래)

나키진구스쿠는 잔호쿠 본거지이다. 가쓰렌구스쿠는 아마와리의 근거지로 유명하다(68쪽 참조).

것 같다. 후에 류큐 왕국의 수립자가 된 제1쇼씨 왕조는 이렇게 탄생했다.

　1416년 쇼하시는 대군을 나키진구스쿠로 보내 잔호쿠왕 한안치

(攀安知, 재위 1396 또는 1401~1416)를 공격하여 이를 멸망시켰다. 잔호쿠의 땅은 주잔에 겸병되고, 잔호쿠왕의 이름은 중국의 『명실록』에서 자취를 감추었다. 1421년에 시쇼가 죽자 쇼하시가 대를 이어서 제1쇼씨 왕조 2대의 왕이 되고, 그 지위를 1425년에 영락제가 파견한 책봉사 시산(柴山)이 인정했다. 1427년에는 쇼하시의 정치 고문으로 활약한 중국인 회기(懷機)의 지도로 슈리성의 외원(外苑)을 본격적으로 정비하고 인공 연못 '용담(龍潭)'을 파는 등 대규모 정원 조성 사업을 했다. 잔호쿠를 병합하고 강대해진 주잔의 약진을 전하는 사업이다[「안국산수화목지기(安國山樹花木之記)」, 1427].

남은 것은 잔난뿐이었다. 주잔군의 잔난 공격은 1427년 행해져 잔난왕 다로미(他魯每)와 함께 시마지리오자토구스쿠도 멸망시켰다. 이때 비로소 유일한 왕에 의해 통일된 독자의 국가, '류큐 왕국'이 성립되었다. 그리고 슈리성은 수많은 구스쿠(=성채)의 정점에 올라서서 류큐 왕국 왕성의 지위를 점하게 되었다.

이듬해 쇼하시는 사자를 보내 명의 선덕제(宣德帝, 재위 1426~1435)에게 이 사실을 전했다. "우리 류큐국은 세 왕이 다스리길 백여 년, 전쟁이 그치지 않아 인민은 도탄에 허덕여 왔습니다. 그 상황을 차마 볼 수 없어서 제가 군대를 일으켜 북으로 한안치를 응징하고 남으로 다로미를 토벌했습니다. 지금 태평세가 되어 만민의 생활도 안정되었습니다. 이것을 폐하께 보고합니다"라고. 이에 대해 황제는 "내 마음에 꼭 맞는 사업이다. 자만하지 말고 초심을 중히 여겨 그 나라를 안정시키도록 하라. 자손들도 또 그 안정을 지키도록 하라"고 유지를 내렸다고 한다[『중산정보(中山正譜)』].[19] 황제는 입공하던 잔호쿠, 잔난을 멸망시킨 사실을 책망하기보다는 류큐의 통일을 무엇보다도 기쁘다고 한 것이다.

이리하여 잔호쿠, 잔난이 중국과 유지해 온 외교적 관계는 통일 정권 아래 흡수되어 류큐를 대표하는 유일한 외교 주체는 '주잔왕' = 류큐 국왕이란 형태가 확립되었다. 그런 의미에서 쇼하시의 통일 사업은 외교권을 일원화하는 의의도 가졌다. 그리고 '류큐국 주잔왕'이란 칭호는 쇼하시가 통일왕조를 수립하기 전까지는 삼산 가운데 하나의 왕호에 불과했지만, 통일왕조 수립 후에는 류큐 왕국 전체를 다스리는 왕의 공식 명칭이 되어 왕국 붕괴 때까지 사용되게 되었다. 그 결과 '주잔왕'은 류큐 국왕의 별칭이 되고 '주잔'도 류큐의 별칭이 되었다.

아지들의 300년간의 항쟁을 거쳐 마침내 '류큐 왕국'이란 독자적인 통일국가가 성립된 것이다.

류큐사를 규정하는 것

이 시점에서 류큐사는 세 개의 중요한 역사적 형태를 만들어 내게 되었다.

첫째, 독자적인 왕국을 수립한 결과, 이후 '왕국으로서의 류큐'의

---

19) 류큐 최초의 정사(正史) 『중산세감(中山世鑑)』(1650년 완성. 전5권에 이어 쓴 류큐의 정사. 사이타쿠(蔡鐸)본(7권 7책)과 사이온(蔡溫)본(14권 12책)이 있는데, 일반적으로 『중산정보(中山正譜)』라고 할 경우는 사이온본을 가리킨다.

길을 걷게 된 것. 둘째, 통일왕조의 수립에 의해 대 중국 외교가 일원화되었기 때문에 '책봉체제 하의 류큐'라는 입장이 고정화된 것. 셋째, 세계 제국인 중국과의 관계가 깊어짐으로써 '아시아 속의 류큐'라는 위치가 분명히 드러난 것. 이들 가운데 뒤의 두 가지에 대해서는 좀 더 해설이 필요할 것이다.

우선 '책봉체제 하의 류큐'에 대해 살펴보자. 삿토가 양재의 권유를 받고 동생 다이키를 보냈다는 것은 중국 조공국의 일원이 된다는 의사 표시였다.[20] 그 후 삿토는 매년 조공을 위해 사자를 파견했지만 앞에서 서술한 것처럼 잔난, 잔호쿠 두 왕도 같은 관계를 중국과 체결했다. 삿토는 1396년에 죽고 아들인 부네이가 대를 이었지만, 이때 '책봉'이란 것이 처음으로 문제가 되었다. 『명실록』에

---

20) 명·청대에는 각 조공국가의 국왕이 사망했을 경우 사신을 파견하여 유제(諭祭)를 행하고, 국왕이 등극했을 때도 사신을 파견하여 책봉례를 행했다. 그러나 청 말까지 중국 사신이 직접 그 나라에까지 가서 책봉례를 행한 것은 조선과 류큐뿐이었다. 류큐의 경우 명대에 14번, 청대에는 9번에 걸쳐 책봉사를 보냈다. 류큐는 지리적으로 중국의 동남쪽 바다 밖에 위치하여 육로뿐 아니라 수로를 경유해야 했으므로 조선에 사신을 보내는 것보다 번거롭기도 하고 위험 또한 훨씬 컸다. 그럼에도 불구하고 중국은 류큐국 국왕이 교체될 때마다 매번 사신을 보냈고, 책봉사의 파견은 청 말까지 지속되었다. 이는 중국의 힘을 빌려 일본을 견제하려는 류큐 측의 간절한 요청과 류큐를 통해 일본을 견제하고 동남 연해 지역을 안정시키려는 중국의 이해가 일치했기 때문이다. 또 이들 사신은 육과(六科)의 급사중(종7품)과 행인사(行人司)의 행인(정8품)으로 모두 문인 출신으로서 시·서 등 문예에 능했으므로, 조선의 책봉사가 내사(內使: 환관)들이 많았고, 수탈을 일삼던 것에 비하면 전반적으로 자질이 높았음을 알 수 있다. 하위 관직자들을 사신으로 보낸 것은 해난의 위험 때문에 고위 관직자들을 잃을까 우려해서였다. 실제로 류큐에 파견된 사신들은 예측불허의 사행길에 대비하여 관을 준비해 가지고 다녔다고 한다. 양수지, 앞의 글, pp.193~195.

주잔		잔호쿠		잔난	
1372	삿토 입공	1383	하네지 입공	1380	쇼삿토 입공
1404	부네이 책봉	1395	민 조공	1405	오에이시 조공
1406	왕위 교체	1396	한안치 조공	1414	다로미 즉위
1407	시쇼 책봉			1415	다로미 책봉
1416	잔호쿠 병합				
1422	쇼하시 즉위				
1425	쇼하시 책봉				
1429	잔난 병합(통일왕조 수립)				

의하면 1404년 2월 '주잔왕 세자' 부네이는 황제에게 사자를 보내 아버지 삿토의 죽음을 고하고 '책봉'을 요청하자 이에 응하여 황제는 그해 책봉사 시중(時中)을 보내 부네이를 정식으로 '류큐국 주잔왕'에 봉했다. 결국 '책봉'이란 것은 중국 황제의 이름으로 류큐의 패자 지위를 보증하는 것이고, 시중은 류큐에 온 첫 책봉사가 된 것이다. 시중 일행은 그해 잔난왕 오오소(汪應祖)에 대해서도 책봉했던 것 같다.

그 후 삼산 시대에 책봉사는 주잔왕 시쇼, 잔난왕 다로미에 대해 파견되었지만, 통일왕조 수립 후의 최초의 책봉사는 쇼하시를 위해 파견된 시산(柴山)이었다. 그리고 쇼하시 이후의 책봉사 파견은 '류큐국 주잔왕'(＝류큐 국왕)에 대해서만 행해져 왕국의 붕괴 때까지 계속되었다. '책봉체제 하의 류큐'라는 입장이 고정화되었다는 것은 류큐 왕국의 패자 지위가 중국 황제의 이름으로 외교적으로 인정받았고, 그 결과로서 류큐는 대 중국 관계를 외교관계의 기축으로 삼게 되었다는 것을 의미한다. 류큐 왕국은 중국의 동향에 규정되는 '운명공동체'의 일원이 되길 스스로 선택한 것이다. 그리고 황제가 매년 대통력(大統曆, 중국의 달력)을 내려주고 조공국의 의무로서 공식문서 등에 중국 연호를 쓰게 되었다. 그 결과 '원(原)일본 문화'를 갖고 있으면서도 서서히 독자화의 먼 길을 걸어 온 오키나와의 역사는 류큐 왕국의 성립에 의해 명확히 '중국색'을 강화하는 과정을 거치게 되었다.

다음으로 '아시아 속의 류큐'에 대해 살펴보자. 대외관계의 확대는 그때까지도 싹트고 있었지만 구스쿠 시대 개시기에 현저해졌고, 삿토로부터 쇼하시 시대에 결정적으로 되었다. 즉, 중국의 책봉체제의 일원에 편입되어 그 조공국이 됨으로써 비로소 국제 사회에 등장하게 된 것이다. 왜냐하면 책봉체제는 종주국인 명과 조공국, 두 나라 사이의 관계에만 그치지 않고 조공국 간의 네트워크 형성도 포함했기 때문이다. 류큐는 이 네트워크를 활용하여 조선 및 동남아시아 여러 나라와 외교와 무역을 활발히 전개하게 된 것이다. 그 구체상은 제3장에서 서술하겠다.

이리하여 쇼하시의 손으로 이룬 통일왕조의 수립은 류큐라는 존재에 왕국으로서의 형식을 부여하고 중국과 깊은 관계를 맺게 했으며, 나아가서는 아시아라는 국제 사회에서 활동하도록 한 의의를 가진다.

제1쇼씨(尙氏) 왕조(1406~1469)의 멸망

하지만 쇼하시 사후 그가 쌓은 제1쇼씨 왕조는 평탄한 길을 걷지 못했다. 〈표 2〉에서 알 수 있는 것처럼 쇼하시 이후 각 왕들의 재위 연수는 가장 긴 쇼토쿠(尙德, 재위 1460~1469)가 9년, 가장 짧은 쇼킨부쿠(尙金福, 1449~1453)가 5년으로 겨우 평균 6년밖에 안된다. 게다가 7대를 거듭했다고 해도 최후의 왕 쇼토쿠는 쇼하시의 손자에 해당하는 세대에 불과했다. 우연히 모든 왕들이 단명했다고 하기에는 무리가 있다. 이 왕조는 집안의 기둥 쇼하시라는 거대한 존재를 잃은 후 집안이 불안정하여 동요를 거듭하고 있었다고 봐야 할 것이다. 그것을 뒷받침하는 두 개의 사건이 일어났다.

우선 1453년 5대 쇼킨부쿠왕이 죽었을 때 왕위 계승을 둘러싸고 세자 시로(志魯)와 쇼킨부쿠의 동생 후리(布里)가 싸우다 두 사람 모두 목숨을 잃은 사건이다(시로·후리의 난). 이때의 사건은 상당

〈표 2〉 제1쇼씨 왕조의 추이

대	왕명	재위	생년	비고
1	시쇼(思紹)	1406~1421	?	사메카와후누시(鮫川大王)의 아들
2	쇼하시(尙巴志)	1422~1439	1372	시쇼의 장남
3	쇼추(尙忠)	1440~1444	1391	쇼하시의 차남
4	쇼시 타쓰(尙思達)	1445~1449	1408	쇼추의 장남
5	쇼킨부쿠(尙金福)	1450~1453	1398	쇼하시의 육남
6	쇼타이큐(尙泰久)	1454~1460	1415	쇼하시의 칠남
7	쇼토쿠(尙德)	1461~1469	1441	쇼타이큐의 삼남

주) 『중산정보(中山正譜)』 등에 따름.

히 대규모였던 것 같아서 쇼하시가 쌓은 슈리성이 병화로 전소되었다. 또 근년 슈리성 복원 때 행한 발굴 조사에서 정전의 기단부에 이때 전화를 입었다고 보이는 불탄 흔적이 확인되었다.

또 하나의 사건은 그 5년 후인 1458년, 6대 쇼타이큐(尚泰久, 1454~1460)왕 때 일어났던 고사마루(護佐丸)[21]·아마와리(阿麻和利)[22]의 난이다. 오키나와 본도 중부의 가쓰렌(勝連)구스쿠를 거점으로 강대해진 아마와리가 왕위를 노리고 반란을 일으킨 나카(中)구스쿠의 고사마루를 멸망시켰지만, 그 후 오히려 아마와리가 슈리 왕부를 공격하려다가 음모가 발각되어 마침내 국왕군의 공격을 받고 멸망했다고 전해지는 사건이다. 이 사건은 후에 각색되어 구미오도리(組踊)[23]「니도데키우치(二童敵討)」가 되었고, 또 오키나와시

---

21) 고사마루(護佐丸, ?~1458): 15세기 류큐의 아지로 중국식 이름은 모국정(毛國鼎)이다. 1416년 쇼하시를 따라 호쿠잔 토벌에 종군했으며, 나키진구스쿠를 함락시키고 이 성의 감수(監守)가 되었다. 1422년에는 자키미구스쿠를 쌓고 그곳으로 이주했는데, 이 축성에는 아마미 제도에서 노동자를 동원했다고 하므로 고사마루의 세력이 아마미 제도에까지 미쳤음을 알 수 있다. 1440년 대외무역으로 힘을 기르고 있던 아마와리에게 눌려 왕부의 명에 따라 나카구스쿠로 옮겨 가서 성을 개축하고 군비를 증가했지만, 이 군비 증강을 이유로 아마와리에게 고발당해 1458년 함락당했다.

22) 아마와리(阿麻和利, ?~1458): 가쓰렌 반도를 세력 하에 둔 아지로 제1쇼씨 왕조의 제6대 국왕 쇼타이큐의 부마이다. 사서에 따르면 간계를 써서 나카구스쿠 성주 고사마루를 토멸하고 슈리성 공략의 야망을 품었지만, 왕부에게 멸망되었다고 한다. 이 때문에 최근까지 '고사마루=충신', '아마와리=간신'이란 이미지가 있었지만 최근에는 재평가되고 있다.

23) 류큐 왕조 시대 다마구스쿠 초쿤(玉城朝薰)이 1719년 창시한 고전극으로 대사·노래·춤이 어우러져 공연되었다. 처음에는 책봉사 앞에서 축하공연으로 공연되었으나, 후에 사족계급의 오락으로서 널리 공연되었으며, 류큐 왕국 멸망 후에는 서민의 오락으로도 공연되고 발전했다. 1972년 국가 중요무형문화재로 지정되었다.

바이(沖繩芝居)[24]로 반복하여 공연되어 '충신=고사마루', '역신=아마와라리'는 도식으로 정착되었다. 하지만 후세의 군신윤리로 이 사건을 파악하는 것은 잘못으로, 아마와리는 '고영웅(古英雄)'의 최후 인물로 보아야 한다는 이하 후유의 견해를 따라야 할 것이다. 지역에 기반을 두고 독립심이 풍부한 아지들이 아직도 있었기 때문이다.

이 두 가지 사건은 당사자에게만 한정된 것이 아니라 아마도 각지에 웅거하는 아지들도 연루된 분쟁이었다고 추정된다. 그리고 마침내 제1쇼씨 왕조의 명운이 다하는 때가 왔다.

1469년 7대 쇼토쿠가 죽은 직후였다. 슈리성 안에서 쿠데타가 일어나서 세자는 살해되고 왕족도 모두 추방되었다. 쇼하시의 통일 왕조 수립으로부터 헤아려 꼭 40년 후 그가 쌓은 왕조가 맥없이 붕괴된 것이다. 쿠데타 세력이 옹립하여 왕위에 오른 사람은 당시 대외교역 장관이었다는 가나마루(金丸)로, 즉위하여 쇼엔(尚円, 재위 1469~1476)이라고 자칭했다.

쇼엔은 1471년 '세자'의 직함으로 중국에 사신을 보내 '아버지'

---

24) 중국 책봉사신들을 위해 '오칸센오도리(御冠船踊)'를 공연하던 예능가들이 류큐 왕국이 멸망한 후 수입을 잃게 되자 1882년 대중을 상대로 상업적인 공연을 하면서 시작되었다. 오키나와시바이는 크게 대사극과 가극(歌劇)으로 나눌 수 있다. 오키나와시바이의 발상 당시는 구미오도리를 모태로 한 대사극이 등장했으며, 이어서 자유롭고 즉흥적인 표현을 중시하는 가극이 정착했다. 가극은 외국의 오페라나 다카라즈카(宝塚) 가극과 달리 대화에 민요를 상응케 하고, 고전음악과 무용을 결합하는 독특한 방식을 만들어 냈다. 이렇게 노래·춤·대사의 3요소를 중시하는 오키나와시바이는 오키나와 방언을 사용하고 향토 풍속과 습관을 포함시켜 오키나와 전통문화로 정착되었으며, 오키나와 현민 정체성의 중요 요소로서 지금까지도 서민에게 사랑받고 있다.

쇼토쿠의 죽음을 보고하는 동시에 책봉사 파견을 요청했다. 헌종 성화제(憲宗 成化帝, 재위 1465~1487)는 1472년 관영(官榮)을 보내 '세자' 쇼엔을 류큐국 주잔왕에 봉했다. 결국 시쇼 · 쇼하시 부자가 부네이를 멸하고 그 정통 계승자처럼 행동한 것처럼 쇼엔도 또 쇼 토쿠의 후계자 행세를 했다. 똑같이 '쇼(尙)'씨 성을 자칭했어도 계통은 달랐기 때문에 류큐사에서는 쇼엔을 초대로 하는 왕조를 제2 쇼씨 왕조라고 불러 제1쇼씨 왕조와 구별한다.

제2쇼씨 왕조는 전 왕조가 망한 전철을 밟지 않기 위해서 왕국 경영을 근본적으로 개선할 필요가 있었는데, 그 사업은 3대 쇼신왕 에 의해 이루어졌다.

3. 쇼신(尙眞)왕의 시대 — 왕국의 확립

책봉의식

쇼신왕은 류큐 왕국 역사상 가장 저명한 국왕이다. 후에 전설의 주인공도 되고 근세에 집대성된 제사 가요집 『오모로사우시』[25]에

---

25) 슈리 왕부가 중앙집권의 강화와 정교일치의 지배체제를 확립하기 위하여 각 지방의 관리를 불러 각지의 신가(神歌)를 모아 엮은 오키나와 최고의 가요집으로 특히 아마미, 오키나와 지방에 전하는 '오모로'를 채록하여 집대성한 가요집이다. 모두 22권으로 왕, 용사, 시인, 항해자를 기리고 풍경, 천문현상, 전쟁, 신화에 대해 노래하고 있으며, 적은 수이기는 하지만 연애를 노래한 것도 있다. 제1권은 쇼세이왕 때인 가정(嘉靖) 10년 (1531)에 편찬되었으며, 제2권은 사쓰마 침입 후인 만력(萬歷) 41년(1613)에, 그리고 또

도 빈번히 등장한다. 하지만 다양한 사적이 전해져도 쇼신왕 그 자신의 실상을 전하는 사료는 부족하여 수수께끼에 싸인 부분이 많다.

즉위 그 자체도 기묘한 사건이 얽혀 있었다. 1476년 7월 아버지 쇼엔이 죽었을 때 쇼신은 11세여서 어리다는 이유로 쇼엔의 동생 쇼센이(尚宣威, 재위 1477)가 제2대 국왕이 되었다. 그러나 다음해 신에게 제사 지내는 의례에서 "쇼신이야말로 왕이 되어야 한다"는 이례적인 신탁이 있어서 쇼센이는 즉시 퇴위하고 쇼신이 즉위했던 것이다. 이하 후유는 이 퇴위 사건이 쇼신의 어머니 오기야카가 계획한 책동이라고 상상하고 있지만, 사료에는 아무 말이 없다.

전설의 주인공으로서의 쇼신왕이 어떠했든 간에 역사적 존재로서의 쇼신으로 돌아가자. 쇼신은 제2쇼씨 왕조로서는 제3대 국왕이 되었지만, 책봉이 되어야 비로소 왕이 된다는 종주국 명조와의 관계에서 보면 제2대였다. 쇼센이는 즉위 후 곧 퇴위함으로써 책봉사를 맞지 못했기 때문이다. 즉위한 1477년, 쇼신은 '주잔왕 세자'의 이름으로 책봉을 요청하는 사자를 명에 파견했다. 그리고 2년 후인 1479년 명 황제 헌종은 동민(董旻)을 정사로 삼은 책봉사를 류큐로 보냈다. 이리하여 류큐 왕국의 '황금 시대'라 불리는 쇼신왕의 치세가 시작된 것이다.

그 후 10년 후인 쇼호왕 때인 천계(天啓) 3년(1623)에 나머지 20권이 편찬되었다. 주로 히라가나로 쓰였으며, 아주 적게 한자도 섞어 있다. 짧은 것은 2행에서부터 긴 것은 40행에 달하는 운문으로 대구를 많이 사용했다. 지금은 쓰지 않는 류큐 고어가 많이 포함되어 있다.

이때 동민 등 책봉사 일행은 한 척의 배로 왔음을 알 수 있다. 쇼신의 다음 왕인 쇼세이(尚淸, 재위 1527~1555) 때의 기록에는 책봉사선(封船)은 길이 15장(약 46.7m), 폭 2장 9척 7촌(약 9.2m), 높이 1장 4척(약 4.4m)이었다고 하기 때문에 이때의 배도 상당히 큰 대형 정크선이었음이 틀림없다.

그런데 큰 의전행사라고 할 책봉의식은 어떻게 거행되었을까? 안타깝게도 이때의 상세한 기록은 존재하지 않지만 후세의 예로부터 상상해 보자.

책봉사 일행은 모두 약 500명에 이르는 대사절단으로 정사, 부사를 필두로 문관, 무관, 학자, 병사, 악단원, 요리인 등 그 구성원이 다채롭다. 푸저우(福州: 중국 푸젠성의 성도)를 출발하여 동중국해를 횡단해 나하에 도착한다. 그 배를 '봉주(封舟)'로 부르거나, 또는 피변관(皮弁冠)을 가지고 오기 때문에 '어관선(御冠船)'이라고도 불렸다. 국가의 관문에 상당하는 나하항의 영은정(迎恩亭)에서는 류큐 측 고위 고관이 나가 일행을 맞이했다. 일행은 나하 시내를 행진하면서 영빈관인 천사관(天使館)에 들어가고, 이로부터 반년간에 걸쳐 류큐에 체재하는 것이다.

책봉사가 첫 번째로 하는 일은 '유제(諭祭)'이다. 역대 국왕의 영혼을 모신 숭원사(崇元寺)에서 거행하는 것으로 돌아가신 선대의 왕에 대해 중국 황제의 유제문[諭祭文, 조문(弔文)]을 읽는 의식이다. 그것이 끝나면 날을 바꾸어 책봉의식을 거행한다.

책봉의식은 슈리성에서 개최된다. 그날 류큐 국왕의 대리가 천

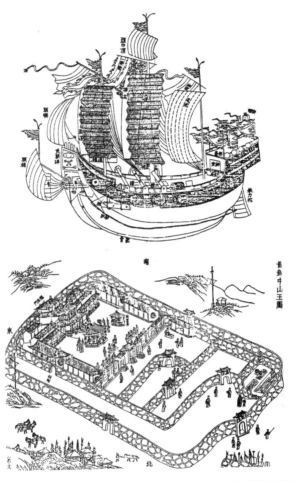

「봉주도(封舟圖)」(위)와 슈리성(首里城)에서의 책봉의식을 묘사한 「책봉중산왕도(册封中山王圖)」(아래)

1719년 쇼케이왕(尙敬王) 책봉 장면을 그린 서보광(徐葆光)의 『중산전신록(中山傳信錄)』에 실린 것.

사관까지 일행을 맞으러 가지만, 천사관에서부터 슈리성까지 오는 도중에는 화려한 퍼레이드를 한다. 눈부시게 화려하고 웅장한 그 퍼레이드를 볼 때 류큐 사람들은 세계 제국인 '대명(大明)' 존재의 크기를 실감했음이 틀림없다. 책봉 받는 세자(이 경우는 쇼신)는 수례문(守禮門)에 나가서 일행을 맞이하여(수례문 자체는 다음 쇼세이 왕대에 창건되었다) 슈리성 안으로 안내한다.

책봉의식은 정전(正殿), 북전(北殿), 남전(南殿) 그리고 봉신문(奉神門)으로 둘러싸인 성스런 광장 '어정(御庭)'에서 거행되었다. 정전의 앞에 궐정(闕庭)이라는 임시 가옥을 설치하고, 그 속에 중국 황제가 류큐 국왕에게 주는 많은 물건을 진열한다. 정사와 부사는 이 궐정 안에 섰다. 남전 앞에도 선독대(宣讀臺)라는 임시 가옥을 설치한다.

의식은 중국 음악을 배경으로 하고, 그 위에 각 의전 행사는 모두 중국어로 진행했다. 선독대 위에서 황제의 조칙을 읽는데, 그 문구 속에 "너 세자 쇼신을 류큐국 주잔왕에 봉한다"는 문구가 있다. 그 후 책봉을 받고 정식으로 류큐 국왕이 된 쇼신왕은 궐정으로 나아가 황제가 준 피변관과 피변복(皮弁服)을 감사한 마음으로 받았다.

여기서 중국 황제로부터 그 지위를 인정받은 류큐 왕국의 '요노누시(世主)', '데다(太陽)'인 쇼신왕이 탄생했던 것이었다.

쇼신왕은 1477년 약관 12세로 왕위에 올라서 1526년 61세로 죽기까지 실로 50년간 옥좌에 군림했다. 이 긴 치세 동안 그는 왕국의 역사에 획기적인 많은 시책을 추진하여 '류큐의 황금 시대'로 형용되는 특필할 단계를 실현했다.

아지의 집거(集居)에 성공하다

그런데 쇼신왕 치세에 행한 가장 중심적인 시책은 아지 대책으로서의 슈리 집거책이다. 아지들은 왕권에 복속하고 있다고 해도 각각의 지방에서 구스쿠(성채)를 구축하고 이전처럼 버티고 있어서 그 세력을 가벼이 여길 수 없는 상태였다. 그들의 힘을 제거하지 않는 한 제2의 시로 · 후리의 난, 제2의 고사마루 · 아마와리의 난이 일어나지 않는다고 할 수 없었다. 그래서 쇼신은 아지를 근거지로부터 분리시켜 왕의 슬하인 슈리에 의무적으로 거주하도록 했다.

매우 과감한 개혁이었다고 생각되지만 남아 있는 부족한 사료를 보는 한 아지들이 슈리 이주에 반대하거나 반란을 일으켰던 형적을 찾을 수 없다. 아지는 자기 가족과 가신을 데리고 슈리로 이주했다고 생각되기 때문에 아마도 이 시책의 결과 이제까지 언덕 위에 우뚝 솟은 슈리성과 그 주변에 약간의 주택밖에 보이지 않았던 슈리의 거리는 급격히 인구가 증가하여 성시(城市)로서의 모습을 드러내게 되었다고 생각된다.

그러나 아지 층을 지방에서 슈리로 공간적으로 이동시키는 것만으로는 불충분했다. 그들을 왕권 아래에 단단히 묶어 두고, 국왕이 있으므로 비로소 자신들의 존재도 있다는 의식을 제도화할 필요가 있었다. 이를 위한 시책이 위계제의 정비로서, 구체적으로는 머리에 두른 터번 모양의 '하쿠(帕)'(류큐 방언으로 하치마치라고 한다)의

색과 두발에 꽂는 비녀의 재질로 신분을 나타나게 했다. 근세에 편찬된 정사 『구양(球陽)』[26]의 설명에 따르면 하쿠의 색깔은 청(靑), 녹(綠), 홍(紅), 황(黃), 자(紫) 순으로 위계가 높으며, 자 위에는 비단(錦)에 돋움 무늬를 놓은 화려한 하쿠도 있었다. 비녀는 금이 상위이고 은이 그 다음이었다. 남성이 비녀를 꽂고 있었지만, 이 두발 형태를 가타카시라(固頭)라고 한다. 머리에 두르는 하쿠는 터번 모양에서부터 근세에는 모자 모양으로 정형화되어 문헌자료에는 '관(冠)'이라고 표기되게 되었지만, 두발 형태나 비녀제도, 하쿠제도는 왕국 엘리트층의 신분을 표시하는 것으로서 그 후에도 장기간 존속했다.

슈리에 집거한 아지들은 이러한 위계 아래 편성되었다. 말할 것도 없이 누가 어떤 색의 하쿠, 누구를 어떤 재질의 비녀에 놓을 것인가, 이것을 결정하는 사람은 쇼신왕이었다. 그 결과 아지는 지방 수장으로서의 성격을 잃고 국왕을 둘러싼 단순한 엘리트층의 직함에 불과했다. 물론 각지의 구스쿠도 이 시책에 따라 대부분 기능이 정지되어 폐허가 되었다고 추측된다.

그리고 슈리성 정전의 돌로 만든 높은 난간(石高欄)[27]에 새겨진

---

26) 류큐 왕국의 역사책으로 처음 이름은 『구양회설(球陽會說)』이며 모두 22권이다. 14권까지는 1745년 데이 헤이데쓰(鄭秉哲)가 편집했으며, 나머지는 류큐 처분(1876년)까지 다루고 있다. 역사, 사건뿐만 아니라 류큐 각지에서 수집된 재미있는 이야기도 많이 수록되어 있다.

27) 정전 기단에 설치된 돌난간으로 처음 설치된 것은 1509년이다. 기록에 따르면 이때의 석고란은 중국산 청석(靑石)을 재료로 삼았고, 동식물의 다양한 문양과 쇼신왕을 찬양

쇼신왕의 사적을 현창하는 비문 「백포첨지난간지명(百浦添之欄干之銘)」(1509)에 "천신(千臣)을 관에 임명하고 백료(百僚)에게 직을 나누어 주었다"고 하는 것처럼 신분제를 편성하는 한편, 직제·관료제라고 할 담당 업무 시스템을 정비했다. 아지 층은 하쿠나 비녀로 표시된 신분을 받고 국왕을 정점으로 하는 직제 속에 완전히 편입되었다. 결국 국왕을 정점으로 하는 류큐 왕국의 정치·행정조직인 슈리 왕부의 요원으로서 아지 층도 편성되었던 것이었다.

지방통치의 강화

『구양(球陽)』에 따르면 아지가 이주한 후 지방에는 슈리로부터 '아지오키테(按司掟)'가 파견되어 왕의 의향이 전달되도록 배려했다고 한다. 하지만 아지오키테가 지방에서 활동하는 상황을 전하는 사료는 현재로서는 알려져 있지 않다. 아지의 이주 후 현지의 불안을 감시하는 직분이었는지, 또는 순수하게 지방행정을 담당하는 직책으로 파견되었던 것인지 흥미로운 문제이지만 안타깝게도 단서가 전혀 남아 있지 않다.

하지만 단편적인 사료를 종합해 보면, 쇼신왕 시대에 지방통치 제도가 강화된 것은 틀림없는 사실이다. 그의 지방 장악법의 실제에 대해서는 제4, 5장에서 자세히 서술하겠지만, 요컨대 각지의 지방 엘리트층을 국왕의 이름으로 관리로 인정하고, 국왕의 의향에

하는 명문(銘文)이 새겨져 있다. 현재 복원된 것은 1712년에 재건될 때의 석고란을 복원한 것이다.

따라 지방행정을 추진할 수 있는 체제를 설정했다. 그 결과 북은 아마미 지역으로부터 남은 사키시마 지역에 이르는 도서 사회에 대해 슈리성에 군림하는 국왕의 의향이 관철될 수 있었는데, 이것은 쇼신왕 시기에 확립된 것이다. 물론 쇼신왕의 지방 장악이 아무 저항 없이 진행된 것은 아니다. 그 대표적인 사건이 야에야마(八重山)에서 일어난 아카하치·혼가와라의 난이다.

「백포첨지난간지명」에는 홍치경신(弘治庚申, 1500년) 봄, 전함 100척을 보내 태평산(太平山)을 공격하여 통치를 확립했다고 한다. '태평산'이란 미야코(宮古)와 야에야마의 총칭으로(후세에는 미야코 지역만으로 한정되게 되었다) 이 지역에는 강대해진 독자적 수장층이 이미 존재하고 있었다. 미야코 섬(宮古島)의 나카소네 도유미야(仲宗根豊見親), 이시가키 섬(石垣島)의 오야케 아카하치, 혼가와라 등이 그들이다. 쇼신왕의 지방 장악 움직임이 이들 수장층에게 위협이 되기 시작했을 때 이들 수장층의 선택지는 두 개밖에 없었다. 오키나와 본도의 아지 층과 마찬가지로 왕권에 완전히 복속하거나 또는 왕권에 대적하여 지방에서의 자기 권익을 사수하는 것이었다.

전자를 선택한 것이 미야코 섬의 나카소네 도유미야, 후자를 선택한 것이 이시가키 섬의 오야케 아카하치와 혼가와라였다. 이렇게 되자 쇼신왕은 원정군을 이시가키 섬으로 보내고 여기에 나카소네 도유미야가 가세하는 형태가 되었기 때문에 오야케 아카하치와 혼가와라의 저항은 즉시 평정되었다.

쇼신왕의 지방 장악은 이런 형태의 지역 세력의 저항을 물리치면서 추진되었음을 알 필요가 있다. 그리고 이 지방통치제도의 강화를 통하여 아마미 지역, 오키나와 지역(오키나와 본도와 그 주변 외딴섬) 그리고 사키시마 지역에 이르는 섬들을 정치적으로 일체화하여 '류큐'라고 하는 지역사회를 형성할 수 있었다.

신녀(神女) 조직의 확립

신녀 조직의 확립도 쇼신왕 치세 하의 특징적인 시책의 하나이다.

류큐에서는 신들을 제사 지내는 역할은 오로지 여성의 것이었다. 일반적으로 오나리신 신앙이라고 불리지만, 오나리(女性)는 영력이 높고 에케리(男性)를 수호하는 힘이 있다고 믿어지고 있다. 농경의례를 중심으로 하는 다양한 연중행사와 제례가 있으며, 그때 거기서 신들에게 풍작을 기원하고 수확의 기쁨을 감사하는 것은 여성들이었다.

지역 제사를 관리하는 여성 신관으로서 우선 노로(ノロ)가 설정되었다. 이들 노로직 상위의 신관으로 설치된 존재가 오아모(大阿母)로서 '미야코의 오아모', '야에야마의 오아모', '구메지마(久米島)의 기미하에(君南風)', '이제나지마(伊是名島)의 후다카야타의 아모(阿母)', '나키진의 아오리야에(阿應理屋惠)', '나하의 오아모' 등이 있다. 노로에 비하면 더 넓은 범위에 설치된 것이 특색이며, 아마미 지역에도 이 직급의 신녀직이 설치되었음을 알 수 있다.

오아모의 상위에 위치한 신녀도 있는데, 시기에 따라서 명칭이 다소 다르긴 하지만 아오리야에, 슈리아모시라레(首里阿母志良禮),

기보아모시라레(儀保阿母志良禮), 우와모리(上盛), 기미토요미(君豊見), 슈리오키미(首里大君), 기미쓰지(君頂), 세지아라키미(勢治荒君), 모치즈키(望月) 등의 명칭이 알려져 있다. 이들 신녀는 기미키미(君君)라 불리며, 그 대부분은 슈리에 거주하는 중앙 신녀직이었다. 그리고 이상의 모든 신녀직의 정점에 선 특별한 존재로서 '도요무세다카코'(세상에 울려 퍼지는 영력 높은 존재라는 뜻)라는 별칭을 가진 기코에오키미(聞得大君)의 직이 설치되었다. 쇼신왕의 누이 오토치토노 모이카네가 최초의 기코에오키미직에 취임하고, 왕의 딸 마나베다루는 사스카사(佐司笠)의 직에 취임했다.

제사의 세계에서 여성 우위의 원리를 신녀 조직의 확립으로써 장악하려는 시책이며, 남성 관리와 마찬가지로 신녀 조직에 대해서도 중앙 - 지방, 상급 - 하급이란 명확한 위계질서가 도입되었다.

왕성한 조영사업

이러한 왕국 체제의 기반 정비와 병행하면서 쇼신왕은 수많은 조영사업도 추진했다. 예컨대 1494년에 슈리성의 이웃에 원각사(圓覺寺)를 창건하여 류큐 불교계의 거점이 되는 사원으로 정비했다. 고유 제사상의 중요한 성지인 벤노우타키(弁之御嶽, 弁ヶ嶽), 소노한우타키(園比屋武御嶽)[28]에 석조 배전(拜殿)을 설치하기도 하고 왕가의 능묘로서 새로 다마우돈(玉陵, 玉御殿)[29]을 조영하는 등 그 치세

---

28) 16세 류큐 왕국 쇼신왕 시대의 우타키(御嶽)로 국왕이 각지를 순항하기 전 배례하던 장소이며, 또 기코에오키미(聞得大君)가 취임할 때 최초로 배례하던 이른바 국가의 성지

하의 토목사업은 일일이 들 수 없을 정도였다. 슈리성의 중심적인 시설인 정전(백포첨어전百浦添御殿)의 기단부에 중국에서 실어 온 청석을 사용하여 화려한 석고란(石高欄)을 배치하는 동시에, 기단의 계단 입구 앞에 한 쌍의 대용주(大龍柱)를 설치한 것 역시 쇼신왕이었다. 만년에는 슈리성과 중심 항구 나하를 연결하는 군용도로 '마다마미치(眞珠道)'를 조영하고 노면을 돌로 포장하여 보강했을 뿐만 아니라 길 양측에 소나무 가로수를 심었다.

이러한 조영사업을 반영하여 슈리성 주변에서는 쇼신왕의 공적을 새긴 많은 비문이 건립되었으며, 그중에서도 정전의 돌난간에 큰 글씨로 새겨진 「백포첨지난간지명」은 잘 알려져 있다. 이 명문에서 쇼신왕은 왕국을 안정시키고 여러 가지 사업을 달성했으며, 중국의 궁정문화를 도입하여 류큐의 왕조 생활을 정비한 위대한

였다. 슈리성 환회문(歡會門)과 수례문(守禮門) 사이에 있는 소노한우타키 석문이 이 우타키의 예배 장소이다. 소노한우타키 석문은 1519년에 제2쇼씨 왕조 제3대왕 쇼신 때 만든 석문이다. 오키나와 전투 때 왕성은 모두 전화를 입었으나, 1957년에 복원했다. 소노한우타키 석문은 2000년 슈리성 유적 등과 함께 '류큐 왕국의 구스쿠 및 관련 유산군'으로서 유네스코 세계문화유산에 등록되었다.

29) 통상 류큐 제2쇼씨 왕조 제3대왕 쇼신이 아버지 쇼엔왕을 장사 지내기 위해 건축한 능묘를 가리키며 오키나와현 나하시에 있고, 세계문화유산 중의 하나이다. 또 '다마우돈(玉陵)'이라고 부르는 묘소는 그 밖에도 '이제나다마우돈', '야마가와의 다마우돈'이 있다. 다마우돈은 중실, 동실, 서실의 3개 건물로 나뉜다. 중실은 장례 후 유해가 뼈만 남을 때까지 놓아 두었다가 뼈를 모아 세골하고, 그 후 왕 및 그 비의 뼈는 동실에 모시고, 다른 왕족은 서실에 모셨다. 제2차 세계대전 때에는 동실, 서실이 파괴되었다. 현재 보이는 대부분은 제2차 세계대전 후에 복원된 것이며, 2000년 '류큐 왕국의 구스쿠 및 관련 유산군'으로 세계문화유산에 등록되었다.

왕이라고 찬양했다. 바로 쇼신왕의 시대는 왕국체제가 확립되고, 그 정점에 위치한 국왕의 권위가 강화된 획기적인 치세였다고 할 수 있을 것이다.

4. 변동의 시대로

사쓰마군(薩摩軍)의 침공

쇼신왕 사후의 제2쇼씨 왕조는 쇼세이, 쇼겐(尚元, 재위 1556~1572), 쇼에이(尚永, 재위 1573~1588), 쇼네이(尚寧, 재위 1589~1620)의 순으로 왕위가 계승되었다. 제1쇼씨 왕조가 쇼하시라는 위대한 건설자를 잃고 이후 동요를 보였던 점에 비하면, 제2쇼씨 왕조는 쇼신을 잃은 후에도 왕위계승 분쟁이나 유력자의 반란 등은 일어나지 않았다.

하지만 이 제2쇼씨 왕조는 뜻밖의 곳으로부터 어려운 문제에 직면하게 되었다. 오랜 쟁란의 시대에 있던 일본 열도에서 오다 노부나가, 도요토미 히데요시, 도쿠가와 이에야스라는 일본을 통일한 인물들이 등장하여 강력한 군사력을 배경으로 한 봉건 왕국의 형성이 진전되었고, 그 여파가 류큐 왕국에 미치기 시작했기 때문이다. 게다가 또 이웃 나라로서 오랫동안 우호 왕래를 해 왔던 사쓰마가 서서히 영내의 경영을 강화하고, 그 힘을 배경으로 류큐 왕국에 대해 여러 가지를 요구하는 사태가 나타났다. 쇼신왕 사후의 16세

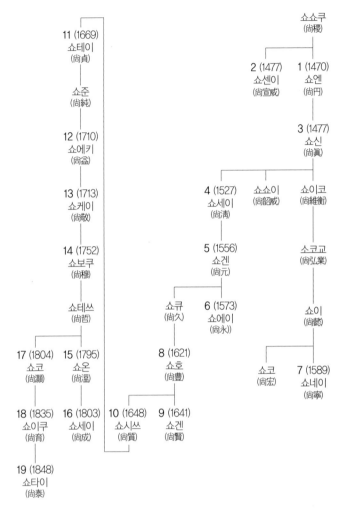

제2쇼씨 왕통도

[큰 숫자는 대수(代數), ( ) 안은 즉위년]

기 중기부터 후기에 걸친 시기는 류큐 왕국에게 바로 대일관계에서 고난의 시대가 되었다.

그 상징적인 사건은 도요토미 히데요시의 조선 침략에 즈음하여 류큐 왕국 측의 가담을 강요해 왔던 것이었다. 7,000명의 10개월분 군량미의 제공이나 조선 침략의 전초기지로 축조된 나고야성(名古屋城) 공사에 대한 분담금 지불 명령 등 도요토미 히데요시 · 사쓰마 측은 고압적인 태도로 대했다. 독립국가인 류큐는 이 말도 안 되는 요구 앞에 고민했지만, 보복을 염려하여 요구의 일부를 받아들이면서도 대부분은 거부했다.

그리고 새로 일본을 제패한 도쿠가와 이에야스는 도요토미 히데요시 시대의 조선 침략으로 악화된 중국과의 관계를 수복하고자 그 알선 역할을 류큐에 요구했다. 류큐 측은 말을 바꾸면서 이것을 따르지 않았기 때문에 1609년 봄 도쿠가와 이에야스의 의향을 따르는 형태로 사쓰마의 시마즈씨(島津氏)는 여러 해 쌓인 류큐 측의 '무례(無禮)'를 무력으로 바로잡겠다는 명목으로 3,000명의 군사를 류큐에 파견했다. 오랜 전란 시대를 통하여 단련된 데다가 철포로 무장된 강력한 사쓰마군 앞에 류큐 측은 상대가 되지 않았다. 전투는 싱겁게 끝나서 왕국의 땅은 사쓰마군에게 정복되었다(시마즈 침입사건).[30]

류큐 측이 사쓰마 앞에 쉽게 패한 원인이 그 이전 쇼신왕 시대에

---

30) 사쓰마번의 류큐 왕국 침략 과정을 간략히 연도별로 정리하면 다음과 같다.
　　1590년 도요토미 히데요시가 사쓰마를 항복시킴으로써 전국을 통일했으며, 도요토미

류큐 왕국이 무기를 철폐하여 '평화국가'의 길을 걸었기 때문임을 강조하는 속설이 풍미했다. 이 속설을 주장할 때 근거가 되는 사료

에게 '유구수(琉球守)'로 임명된 가메이 고레노리(龜井玆矩, 1557~1612)가 류큐 원정의 허가를 받아 3,500명의 군사를 이끌고 류큐 침략을 나섰으나 시마즈씨의 간언으로 중지되었다고 한다. 그리고 1592년 3월 도요토미는 류큐를 시마즈씨의 휘하에 소속시키고, 가메이에게는 명 저장성(浙江省) 태주수(台州守)라는 칭호를 내림으로써 관할을 다시 획정했다고 한다.

1591년 8월 도요토미는 시마즈씨에게 조선 침략을 위한 1만 5천 명의 군역 부담을 명하자, 10월 시마즈씨는 류큐 왕국에게 병정 징집을 대신하여 7,500명의 10개월분 군량미 11,250석을 쇼네이왕에게 요구했으며, 또 황금을 바칠 것을 요구했다. 1592년 류큐의 삼사관 정형은 이 조선 침략 계획을 명에게 알렸다.

1592년 사쓰마는 호쿠잔을 둔병 기지로 삼는다는 명분으로 1,700여 냥을 억지로 넘기려 했으나, 류큐 왕국이 수령을 거절하자 이자까지 계산하여 은 4천 냥을 배상하라고 강요했다.

1593년 사쓰마는 류큐 사신을 억류하고 왜의 사신을 류큐로 보내 군사 7,000명의 10개월 양식을 조선에 상륙한 왜군에게 송달할 것을 강요했으나 거절당했으며, 이에 오지마 이하 5개 섬을 사쓰마에 양도하라고 강박했으나 이 역시 류큐는 거부했다. 그러나 계속된 압박으로 요구한 식량의 반을 준비하고, 나머지는 사쓰마 번주에게 빌리는 형식을 취했으나, 얼마 후 나머지를 갚지 못하게 되자 시마즈씨는 이를 빌미로 류큐 왕국을 압박했다.

1602년 표착한 류큐 어민이 막부의 도움으로 귀환하자 사쓰마는 류큐에게 도쿠가와 막부에 감사 표시를 할 것과 류큐를 매개로 중국과 간접무역을 할 것을 종용했으나 받아들이지 않자 1603년, 1604년 재삼 종용하다가 거절당했다.

1609년 3월 막부의 승인을 받은 사쓰마 번주 시마즈 다다쓰네(島津忠恒)는 압도적인 군사력을 이끌고 류큐 왕국을 침략했다. 4월 5일 슈리성을 접수하고 류큐의 진기한 보물을 약탈했다. 5월 15일 류큐 국왕 이하 100여 명의 관리를 사쓰마번의 가고시마로 납치했다가 2년 6개월 후 사쓰마에 대한 복종의 맹세와 서약을 하고 풀려났다. 그러나 이를 거부한 충신 정형(鄭逈)은 펄펄 끓는 기름 솥에 던져져 죽음을 당했다.

한편 명 측에 원병을 청하는 정형의 서신을 보냈으나, 류큐의 조공사 이케시로가 빼돌림으로써 명 황제에게 전달되지 않았으며, 그 후 명과 청은 사쓰마가 류큐 왕국을 지배하고 있음을 알면서도 직접적인 조치는 취하지 않았다.

는「백포첨지난간지명」이지만, 문제의 부분을 읽어 보면 "오로지 칼, 활과 화살을 비축하여 이로써 나라를 지키는 날카로운 무기로 삼는다"이다. 결국 칼, 활과 화살 등의 무기를 비축하여 일단 유사시에 나라를 지킬 준비를 했다고 하는 의미이지 무기를 철폐했다거나 '평화국가'의 길을 지향했다고 해석할 부분은 찾을 수 없다. 분명히 류큐에서는 내항하는 일본 상선의 승무원들의 무기를 나하에 맡겼다가 귀국할 때 돌려주는 무기관리정책은 실시하고 있었지만, 제5장에서 서술한 것처럼 독자의 군대를 가지고 그에 상응하는 무기류도 소지하고 있었다.

사쓰마에게 아주 쉽게 패한 것은 류큐 측이 싸울 의사가 강고하지 못했던 것에 더하여 사쓰마 측의 군사력이 류큐를 압도적으로 상회했기 때문이다. 또 쇼신왕의 아지의 슈리 집거정책 등에 의하여 왕국 조직을 오로지 문관형(文官型)의 관인이 담당함으로써 그 내부에 무장 가신단을 거의 포함하고 있지 않았던 것도 원인이다. 어쨌든 류큐 왕국이 대외전쟁의 경험이 없는 국가였기 때문이다.

근세 류큐로의 전환

사쓰마군의 침공과 정복에 의해 류큐 왕국의 독립성은 상실되게 되었다. 아마미 지역이 할양되어 사쓰마의 직할령이 되고, 시노보세[仕上世, 즉 공미(貢米)]라고 불리는 조세를 매년 사쓰마에게 납부해야 하는 의무를 졌다. 국왕을 비롯하여 삼사관(三司官) 등 왕국 상층부 인사에 대해서도 사쓰마는 일정한 발언권을 가졌으며, 나아가 나하에 류큐재번봉행(琉球在番奉行)[31]을 상주시켜 류큐를 감시하는 등 류큐 왕국의 운영에 직접적인 관리권을 행사할 수 있는 체제를 구축했다.

그러나 사쓰마는 배타적이고 독점적으로 류큐의 운명을 좌우할 수 없었다. 우선 배후에 강력한 쇼군 권력이 있어서 사쓰마의 류큐 지배도 막부(幕府)의 기본적인 규제 아래 놓여 있었다. 쇼군 권력을 정점으로 하는 일본의 근세 국가를 역사가는 막번제(幕藩制) 국가[32]라고 한다. 이 명명법에 따르면 류큐 왕국은 전체적으로는 막번제 국가의 체제적 규정에 놓이게 되고, 그 직접적인 관리 책임자로서 사쓰마가 끼어 있었다고 이해할 수 있을 것이다.

사쓰마가 생각한 대로 행동할 수 없었던 또 하나의 요인은 류큐 왕국 그 자체의 존재였다. 사쓰마·쇼군 권력에 종속하게 되었다

---

31) 1609년 사쓰마의 류큐 왕국 점령 후 군대를 철수하면서 류큐 왕국의 정치·행정·외교 등을 통제하기 위하여 둔 시마즈씨의 대리인.

32) 막부(쇼군)와 번(다이묘)의 봉건적 주종관계를 기점으로 한 근세 일본의 국가 체제이다. 에도 막부를 모든 무사의 정점이자 최고의 통치기관으로 삼되 각 다이묘에게 각각의 영지에서 어느 정도 독립된 통치기구[번(藩)]을 운영하도록 허용했다. 그리고 에도 막부는 모든 다이묘를 신반(親藩), 후다이 다이묘(譜代大名), 도자마 다이묘(外樣大名)로 나누고 산킨코타이(參勤交代: 다이묘가 1~3년마다 1년씩 에도에 교대로 거주하는 것)나 가이에키(改易: 다이묘, 하타모토에 대한 처벌로 무사 신분의 박탈 및 영지 삭감 또는 몰수를 의미함)를 통해 이들을 통제했다. 그리고 공식 생산량(石盛)에 따라 연공(年貢)과 여러 가지 역을 거두는 석고제, 병농분리를 중핵으로 하는 신분제, 쇄국과 기독교 금지, 연공을 촌 전체가 책임지고 납부하게 하는 촌청제(村請制), 무가제법도(武家諸法度) 등을 통해 사회경제적 활동을 모두 지배하고 규정했다. 막번 체제는 최종적으로 1854년 이후 개국(開國), 대정봉환(大政奉還), 왕정복고(王政復古) 및 판적봉환(版籍奉還), 폐번치현(廢藩置縣), 지조개정(地租改定), 징병제(徵兵制) 등의 실시로 종결되었다.

고 해도 왕국 체제는 의연히 존속하여 류큐 내부의 실제 행정을 책임지고 관리하는 것은 슈리 왕부였기 때문이다. 결국 슈리 왕부와의 제휴 없이는 사쓰마의 의향은 왕국 내에 관철할 수 없는 구조가 되었던 것이다. 게다가 전통적인 중국과의 책봉·조공관계도 존속하고 있었기 때문에 류큐 왕국은 그 이후에도 중국 황제의 책봉을 받는 존재 그대로였으며, 그 부분만큼 류큐 측이 '주체성'을 발휘할 여지가 남아 있었다.

만약 사쓰마가 왕국을 완전히 멸망시켜 버리고, 자기의 직할령에 편입하여 번 내 행정과 같은 수준으로 류큐 땅을 다루게 되었더라면, 그 이후 류큐의 역사는 전혀 달라졌을 것임이 틀림없다. 사쓰마가 류큐의 땅을 완전히 자신의 내부에 집어넣지 못한 사정의 하나는 그 이전에 이미 독자의 국가로서 존속해 왔던 류큐의 무게가 있었던 것이다.

사쓰마·쇼군 권력에 종속하는 왕국, 동시에 또 의연히 왕국 체제를 유지하면서 중국과의 책봉·조공관계를 가지고 있는 독자적 존재, 이것을 가리켜 최근 역사가는 '막번제 국가 속의 이국(異國)'으로 표현한다. 사쓰마 침공 후의 이 '막번제 국가 속의 이국'으로서 전개된 시대가 근세 류큐이다.

그런데 그 이전의 독립국가 시대를 무엇이라고 불러야 할까? 변혁의 시대가 된 구스쿠 시대 초기부터 아지의 항쟁, 삼산의 정립, 쇼하시에 의한 통일왕조의 수립, 쇼신 시대의 왕국 기반 확립, 그리고 대일관계의 악화, 사쓰마군의 침공 전야로 이어진 약 500년간은 결국 류큐 왕국의 형성·전개를 기조로 한 일련의 시대였다고 할 수 있다. 중세 일본의 시기에 상응하는 이 의미 있는 시간을 이하 후유의 명명에 따르면 '고류큐'라고 불러서 근세 류큐와 구별했다.

'원일본문화'를 몸에 지니고 역사를 시작한 오키나와 사람들은 드디어 일본 국가와는 명확히 구별되는 독자적 왕국을 달성해 보였던 것이다. 고류큐는 그런 중요한 의미를 가진 시간이었다.

내가 여기까지 서술한 것은 단지 고류큐의 정적인 추이에 불과하다. 독자적 왕국을 형성한 중요한 의미를 가진 시간이었기 때문에 고류큐에 대해서는 말할 화제가 산처럼 많다. 그중에서 몇 개의 중요한 문제에 대해 장을 바꾸어 서술하고자 한다.

제3장 아시아 속의 류큐

1. 열린 활동의 장

책봉체제 하의 류큐

고류큐의 시간은 또 류큐 왕국 형성의 활력이 아시아 세계로 웅비한 시대이기도 했다.

이미 서술한 바와 같이 1368년에 성립된 명 왕조는 여러 외국에 대해 책봉·조공정책이라 할 대외 자세를 드러냈다. 명 황제가 그 권위로 여러 외국 왕의 지위를 인정하면[책봉(冊封)], 책봉 받은 여러 외국의 왕은 문서 및 공물을 사신에게 보내 황제에게 충성을 보인다[조공(朝貢)]. 이런 종속적인 외교관계를 여러 외국과 맺도록 함으로써 황제를 정점으로 한 세계질서, 즉 책봉체제를 형성하고자 했다.

이 정책의 포인트 중의 하나는 책봉·조공관계를 갖지 않은 나라들의 선박에 대해 중국 입국을 불허하는 것으로, 당시 중국 연안을 황폐화시킨 왜구·해구 등 무장 민간무역 세력을 배제하려는 의도를 포함하고 있었다. 건국 이듬해 곧바로 명 태조 홍무제는 사절에게 국서를 들려서 일본으로 파견하여 건국의 취지를 알리는 동시에 왜구의 단속을 강력히 요구했다. 일본에 최초로 파견된 사절도 후에 처음으로 류큐를 방문하여 삿토 왕에게 입공을 촉구한 양재였다. 일본 측의 권력 사정으로 인해 명조의 요구는 곧바로 달성되지 못했지만, 그 후에도 명조는 일본 측에 강력히 요청했다. 일본을 책봉체제에 편입시킴으로써 왜구 활동을 가라앉히려 했던 것이다. 1401년 외교권 장악을 목표로 한 무로마치 막부의 쇼군 아시카가 요시미쓰(足利義満)는 '일본 국왕'으로서 명조에 사자를 보내 헌상품을 가지고 입공했다. 이듬해 건문제는 일본에 사자를 파견해 아시카가 요시미쓰를 '일본왕'에 봉하니 이로부터 일본도 책봉체제의 일원이 되었다.

각 나라의 사정에 따라 다소 차이가 있지만 책봉을 받고 조공국이 된 나라들의 진정한 목적은 대 중국 무역을 추진하는 것이었다. 어쨌든 그때 중국은 세계 최강의 국가인 동시에 세계 최대의 상품 산출국이기도 했기 때문에 많은 국가들이 명 황제의 권위를 받아들이고 매력적인 중국 상품을 입수하려고 노력했다. 홍무제로부터 영락제의 치세에 걸쳐(14세기 후반~15세기 초기) 명조의 책봉체제는 동아시아와 동남아시아뿐만 아니라 남아시아, 중앙아시아, 서아시아 그리고 아프리카 일부에까지 미쳤다.

아시아 국제 사회에 데뷔

명조는 나라마다 입국 항구를 지정하고 시박사(市舶司)[1]라는 입국 기관을 두어 외국 선박의 왕래를 관리했다. 류큐는 푸젠성(福建省)의 취안저우(泉州), 일본은 저장성(浙江省)의 닝뽀(寧波), 동남아시아 및 그 서쪽의 여러 나라는 광둥(廣東)의 광저우(廣州)이다. 류큐 전용 지정항이 된 취안저우에는 래원역(來遠驛: 취안저우 류큐관)이 설치되었지만, 1472년에 시박사를 같은 성의 푸저우로 이전했기 때문에 이후에는 유원역(柔遠驛: 푸저우 류큐관)이 류큐 전용 창구가 되었다. 역명에서 알 수 있는 것처럼 입국 지정항은 중국 국내의 역체제도(驛遞制度) 안에 속해 있으며, 해외 여러 나라에 대해 열린 창구의 역할을 띠고 있었다. 따라서 아무리 조공국이라 해도 지정항 이외의 항구에는 자유로이 출입할 수 없었다.

명조는 또 공년(貢年), 공기(貢期)라는 제도를 갖추고 있었다. 중국

1) 중국에서 당대(唐代)부터 명대(明代)까지 설치된 해상무역 관련 사무를 관장하던 관청. 개원(開元) 2년(714) 광저우에 처음 설치되었으며, 시박사(市舶使)나 압번박사(押蕃舶使) 등이 장관이며 자사(刺史)나 절도사(節度使)가 겸임한 것도 있었다. 송대(宋代)에는 남해 무역이 발전함에 따라 제도를 정비하고 취안저우와 밍저우 등에도 설치했다. 국내외 상인의 출입국 수속 및 보호 · 취체, 화물의 검색, 징세, 금지물품의 취체, 관청의 수매물품 구입, 외국사절 접대 등 매우 다양한 일을 했다. 원대(元代)에는 시박제거사(市舶提舉司)라고 불렀다. 명대(明代)에는 원대를 계승했으나, 해금정책(海禁政策)의 실시로 인하여 시박사 무역의 중요성이 줄어들고 밀무역이 성행했으며, 청대(淸代)에는 시박사를 두지 않고 광저우 등에 해관(海關)을 설치했다.

에의 도항 빈도를 국가마다 지정한 것으로 『대명회전(大明會典)』[2] 에 의하면, 안남(베트남)이나 자바(인도네시아의 마지파히트 왕국) 는 3년에 한 번(3년 1공), 일본은 10년에 한 번(10년 1공)이라는 형 태이다.

명조는 중국 상품을 얻으려고 중국으로 도항하는 활동에 대폭적 인 제한을 가하는 한편, 중국 인민에 대해서는 해금정책(海禁政策) 을 적용했다. 연해의 인민이 왜구에 호응하여 행동하거나, 또는 바 다로 나가 해구가 되는 것을 막기 위해 취해진 일종의 쇄국적인 조 치였다. 그 결과 중국의 해외무역 상인은 큰 타격을 입었으며, 이것 을 무시하는 자는 밀무역에 나설 수밖에 없었다.

명조가 취한 책봉·조공정책과 해금정책이라는 두 시책의 결과, 공식적 루트에서의 중국 상품의 해외 공급력은 대폭 저하되었다. 왜냐하면 명조는 책봉을 받지 않은 나라와의 상거래를 허락하지 않았고, 또 책봉을 받고 조공국이 되어도 나라마다 입국항을 지정 하거나 도항 빈도를 제한했으므로 자유로이 중국 상품을 입수하기 곤란했기 때문이다. 게다가 중국 상인이 바다를 건너와서 상거래 를 하는 길도 해금정책의 벽에 막혀 있었다.

책봉·조공정책 아래서 공적 루트를 이용하여 중국 상품을 쉽게 입수할 수 있는 자, 또 해금정책에 의해 후퇴한 중국 상업 세력의

---

2) 중국 명대의 제도를 기록한 책. 이동양(李東陽) 등이 명나라 효종(孝宗)의 칙명을 받들어 편찬했으며, 정덕(正德) 4년(1509)에 180권이 완성되었다(『정덕회전』). 그 후 증수하여 만력 10년(1587) 228권이 완성되었다(『만력회전』).

빈자리를 메울 수 있는 자에게는 중세 동아시아 세계에 다시없는 좋은 기회가 찾아오게 된 것이다. 이 좋은 기회를 손에 넣은 것이 동중국해의 동쪽 끝에서 왕국 형성의 움직임을 전개하고 있던 류큐였다.

1372년 주잔왕 삿토가 처음 명에 입공한 후 류큐는 1년 1공(어떤 해는 1년 2공)이란 것처럼 도항 빈도 면에서 우대받고 있었다. 거의 매년 중국에 무역선을 보내 대량의 중국 상품을 입수할 수 있는 조건을 확립했던 것이다. 쇼하시에 의한 통일왕국의 수립은 조공무역을 더욱 촉진시켜 동중국해에 걸쳐 있는 모양으로 류큐 – 푸젠 사이에 큰 무역 루트가 출현하여 엄청난 양의 중국 상품이 흘러들어오게 되었다. 1470년대부터는 2년 1공으로 제한되었다고는 해도 여전히 다른 나라에 비하여 압도적으로 유리한 입장에 있었다. 아키야마 겐조(秋山謙藏)에 따르면, 명대의 조공 횟수는 류큐가 1위로 171회이다. 2위인 안남이 89회이기 때문에 단연 발군이다. 덧붙여 말하면 6위의 샴이 73회, 10위인 조선이 30회, 12위인 말라카가 23회, 그리고 13위의 일본이 19회이다[『일지교섭사연구(日支交涉史研究)』].

'해상 실크로드'의 거점으로서

당시의 중국 상품은 강한 국제 경쟁력을 가지고 있었으며, 이것을 탐내는 사람들은 세계 도처에 있었다. 경쟁력이 강한 이들 상품을 명조가 설정한 정책적 틀, 즉 조공무역 루트를 통하여 대량으로 확보할 수 있었던 것이 상업 세력으로서 류큐의 지위를 단숨에 상승

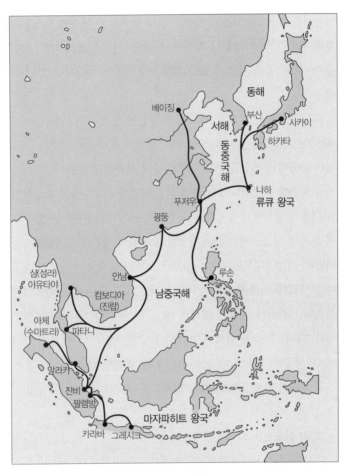

류큐 왕국 교역 루트

근세 중기에 편집된 류큐 왕국의 외교문서집 『역대보안(歷代寶案)』 등에 의거하여 작성. 『역대보안』에 따르면 동남아시아에 파견된 류큐 선박은 샴 56척을 필두로 말라카 20척, 파타니 11척 등이었다(1425~1570년). 이것은 기록에 남아 있는 것만이며 실제로는 더 많았다고 추정된다. 또 푸저우에서 베이징까지는 대운하 루트가 사용되었다.

시켰다. 입수한 대량의 중국 상품을 모두 류큐에서 스스로 소비했을 리 없다. 소비하는 것은 그중 극히 일부이고, 대부분의 상품은 다시 무역선에 실려 일본, 조선, 동남아시아 여러 나라로 운반되었다.

왼쪽의 류큐 왕국의 교역 루트 지도를 보기 바란다. 동아시아에서부터 동남아시아에 이르는 이 장대한 무역 루트의 정체는 중국 상품을 조달하고, 이것을 다른 나라에 공급하기 위해 개척된 것이다. 중국 도자기가 주요 거래 상품인 이 루트는 류큐가 담당한 '해상 실크로드' 혹은 '도자기의 길'이었다.

2장에서 쇼하시에 의한 통일 왕조의 수립은 '왕국으로서의 류큐', '책봉체제 하의 류큐'라는 역사적 형태 이외에 '아시아 속의 류큐'라는 형태를 류큐사에 부여했다고 지적한 것은 이러한 해외 무역의 상태를 염두에 둔 것이다. 요컨대 명조의 조공국이 됨으로써 또 유력한 중국 상품을 자기 손에 넣음으로써 류큐 왕국은 무역을 통하여 단숨에 아시아의 국제 사회에 등장한 것이다.

그러면 류큐는 무엇으로 대량의 중국 상품을 살 수 있었을까? 중국에서 돌아온 무역선의 화물은 물론 중국 상품이고, 또 일본, 조선, 동남아시아 여러 나라로 향하는 배의 주요 화물도 중국 상품인 것은 알겠지만, 역으로 동중국해를 건너 중국으로 가는 류큐 선박은 도대체 어떤 화물을 신고 있었을까?

『대명회전』에 규정된 류큐의 조공품[3] 가운데 말, 라각(螺殼), 해

---

3) 『대명회전』, 권105, 예부63, 「유구국 공물」에 수록된 것임.

파(海巴), 생숙하포(生熟夏布), 소가죽, 유황 등은 분명히 류큐산이다. 당시 류큐에서는 대량의 말과 소를 대량으로 사육하고 있었을 것이다. 말은 운반용 가축으로, 소는 무두질한 가죽으로 중국에 수출했을 것이다. 라각과 해파는 조개껍질인데, 그중 라각은 야광패로 나전칠기의 재료로서 귀중한 것이다. 생숙하포는 류큐산의 직물로서 아마도 파초포(芭蕉布: 파초 섬유로 짠 천으로 오키나와의 명산품) 같은 것으로 추정된다. 화약의 원료가 되는 유황은 류큐의 이오도리시마(硫黃鳥島)에서 채취된 것이다. 건국 초에 명이 몽골 세력을 몰아내기 위해 류큐의 말과 유황을 필요로 했던 점에 대해서는 2장에서 서술했다.

그러나 이 정도의 상품으로는 대량의 중국 상품을 사기에 불충분하다. 『대명회전』을 보면 사정이 분명해진다. 칼(刀), 탁자선(擢子扇), 니금선(泥金扇), 생홍동(生紅銅) 등의 일본 생산품과 상아, 주석, 소목(蘇木) 혹은 향신료 등의 동남아시아 생산품이 포함되어 있었다. 결국 류큐는 자국에서는 생산되지 않는 다른 나라의 상품도 중국으로 수출하고 있었던 것이다.

그러면 답은 저절로 분명해진다. 류큐는 중국 상품을 일본, 조선, 동남아시아에 팔고, 각국의 특산품을 배에 가득 싣고 나하항으로 돌아온다. 그리고 조달한 이 물품에 자국의 생산품을 더하여 중국으로 수출하고 다시 배에 중국 상품을 가득 채워 귀환하는 전형적인 중계무역을 했던 것이다. 류큐 왕국의 교역 루트라는 것은 중국 상품을 널리 팔기 위해 개척된 루트인 동시에 중국으로 향하는 수출 상품의 조달 루트로서 개척된 것이었다.

중계무역 국가로서 매우 번영한 당시 류큐의 기개를 기록한 유명한 범종이 있다. '만국진량(萬國津梁)의 종'(1458년 주조)[4]으로 통칭되는 범종으로 현재 오키나와현립박물관에 전시되어 있는데, 그 종에 새겨진 글의 한 구절에 다음과 같이 기록되어 있다.

류큐국은 남해의 승지로서 삼한[조선]의 빼어남을 한데 모으고, 대명[중국]을 광대뼈와 잇몸으로 삼고, 일역[일본]을 입술과 이로 삼는다. 이 둘의 중간에서 솟아 오른 봉래섬이다. 주즙[선박]으로 만국의 진량[가교]을 삼으니, 기이한 산물과 귀한 보배는 십방찰(十方刹)에 충만하다.

류큐는 남해의 뛰어난 지점에 입지하여 조선의 뛰어난 문화를 배우고, 중국과는 불가분의 관계에 있으며, 일본과도 친밀한 관계에 있다. 동아시아의 중간에 솟아난 봉래섬 같은 곳으로 무역선을 조종하여 세계의 가교 역할을 하니 나라 안에 세계의 상품이 가득하다는 것이다. 이러한 문구를 기록한 범종을 사원이 아니라 슈리성의 정전에 걸어 놓았던 것이다. 중계무역 국가로서 아시아의 바다에 활개 쳤던 류큐 왕국의 자부심을 멋지게 표현한 명문구라고 할 수 있을 것이다.

---

4) 천순(天順) 2년(1458) 6월 19일 쇼타이큐왕의 명으로 주조된 범종으로 국가지정 중요문화재이다. 높이 154.4cm, 구경 94cm, 600kg이다.

2. 해외무역의 조건

국영사업으로서의 해외무역

어떻게 작은 섬나라에 불과한 류큐가 이 정도까지 무역 활동을 전개할 수 있었을까?

명조의 책봉·조공정책 및 해금정책이 류큐에 활동 무대를 제공했음에 대해서는 이미 서술했다. 이것과 관련하여 주목할 것은 바로 책봉체제의 존재가 류큐의 무역 활동에 있어서 명확한 배경이 되었을 것이라는 것이다. 앞의 무역 루트 지도를 지금 다시 한 번 보기 바란다. 시기에 따라 차이는 있지만, 류큐가 개척한 교역 루트의 범위는 그대로 명조의 책봉체제 범위와 일치한다. 결국 류큐의 해외무역이란 것은 '중국(종주국)–류큐(조공국)'의 양국 관계를 '류큐–여러 조공국'이란 조공국 간의 관계로 전개한 것이었다.

그것을 명료하게 보여 주는 것이 류큐의 외교문서집 『역대보안(歷代寶案)』[5]이다. 이 한문으로 쓰인 문서집에는 1424년부터 1867년까지의 440여 년에 걸친 대외통교 공문서가 수록되어 있는데, 주목

---

5) 한문으로 된 류큐 왕국 외교문서집. 전문 262권, 목록 4권, 별집 4권으로 이루어졌다(현존하는 것은 전문 242권, 목록 4권, 별집 4권이다). 1424년부터 1867년까지의 443년에 걸쳐 중국의 명·청 왕조, 조선, 섬라(暹羅: 타이의 아유타야 왕조), 안남(安南: 베트남), 조와(爪哇: 자바의 마자파히트 왕국), 구항(舊港: 수마트라 섬의 팔렘방 화교 왕국), 만자가(滿刺加: 말라카 왕국), 불타니(佛太泥: 파타니 왕국) 등과의 외교 문서를 집대성한 것이다. 명·청대의 대 중국 관계 문서가 태반을 점하며, 그 밖에는 동남아시아 관계가 차지하고 있다. 원본은 소실되거나 산일되었지만, 근년에 사본 잔편 등으로 원본에 가깝게 재구성했으며, 사료적 가치가 높다.

되는 것은 대부분을 점하는 중국 관계 문서 이외에 조선, 동남아시아 여러 나라의 국왕이나 관계 기관에 보낸 자문(咨文: 대등한 사람이나 조직 사이에서 교환되는 문서)이 수록되어 있다는 것이다. 그중에서 상투적으로 등장하는 문구가 "대명 황제께 조공을 준비하기 위해"가 있다. 결국 명조에 대한 조공 물품을 조달하기 위해 귀국에 무역선을 보내는 것이라는 강조문인 것이다. 중국의 권위를 보여 무역을 유리하게 하려는 생각도 포함되어 있다고 생각되지만, 그것보다도 조공국 간의 제휴의 필요를 호소하는 동시에 류큐의 무역이 정당한 이유에 기초하고 있음을 역설하고 있는 것이다.

해외무역의 조건 가운데 간과해서는 안 될 것은 류큐의 해외무역이 국왕이 경영하는 국영사업이며, 슈리성이 그 사령탑이자 영업본부였다는 것이다. 실로 거국적으로 해외무역을 추진했던 것이다. 무역입국(貿易立國)을 목표로 한 그 자세도 해외무역을 융성하게 이끌었던 이유의 하나였다고 생각한다.

해외무역 상황을 전하는 사료가 『역대보안』이라는 외교문서집으로 전해지게 된 것으로 상징되는 것처럼 류큐의 해외무역은 원칙적으로 항상 외교를 수반하고 있었다.

예컨대, 말라카 국왕에 대해 자문을 보내 말라카에서의 상거래가 원활하게 행해지도록 배려해 달라는 문서가 많이 남아 있는데, 그 경우 문서의 발송인은 류큐 국왕이었다. 무역선을 타고 말라카로 도항하는 인원도 모두 국왕의 부하이고, 무역에 의한 이익도 국왕의 것이었다. 간단히 말하면 무역선도 국왕이 소유하는 공용선이었던 것이다.

거대한 '조공선(朝貢船)'

나하항에 떠 있는 몇 척의 해외무역선을 류큐사에서는 '조공선'이라고 부르고 있다. 길이가 40m를 넘는 거대한 해선으로 중국 정크선 계통에 속하는 배였다. 2장에서 설명한 쇼세이왕의 책봉사선의 거대함이 생각날 것이다. 그도 그럴 것이 흥미롭게도 중국과의 조공무역이 시작된 시점부터 얼마 동안 류큐는 조공선을 명조로부터 공짜로 받았던 것이다. 명조의 정사 『명실록』에는 류큐에 대해 종종 해선을 지급했다는 기록이 있을 뿐만 아니라 지급한 해선의 수리까지 돌봐 준다는 기사도 등장하고 있었다. 하지만 15세기 후반이 되면 그런 명조 정부도 재정적인 이유로 이러한 특별조치를 철폐하지 않을 수 없었다. 그 후 류큐는 푸젠형 정크의 건조기술을 배워 자기 돈으로 조공선을 건조하게 되었다.

푸젠형 정크의 계통을 이어받은 조공선은 그 당시 세계 유수의 기술 수준에 달한 선박이었다. 배의 등뼈라고 할 부분에 용골이라는 소나무 재료를 설치하고, 거기에 늑골이라고 칭하는 갈비뼈 모양의 골격을 붙이고, 두꺼운 판자로 현벽(舷壁)을 갖춘다. 선체는 격벽(隔壁)이라 불리는 몇 개의 방으로 구분되어 있어서 바다 위에서 현(舷)이 파괴될 때도 방 하나만으로 침수를 막을 수 있었다. 이러한 우수한 선박을 소유할 수 있었던 것도 류큐의 해외무역을 지탱하는 조건의 하나였다.

그러나 조공선이라 불리는 것으로 보아 오로지 중국으로 가는 조공품을 싣고 동중국해를 항해하는 배라고 지레짐작해서는 안 될 것이다. 이 배가 중국에서 귀환하면, 이번에는 중국 상품을 싣고 훨씬 먼 이국을 목표로 출항했기 때문에 조공선은 중계무역 루트 전체를 왕래하는 순수 무역선이었을 뿐이다.

기술선진국 출신자의 거주지=구메촌

'민인 36성(閩人三十六姓)'이라 불리는 구메 촌인의 존재도 류큐의 해외무역을 지탱한 큰 힘의 하나였다. 민(閩)은 중국 푸젠성의 속칭이고, 36성은 '다수의 성을 가진 사람들'이란 정도의 의미이다. 이 명칭에서 보듯이 푸젠성으로부터 다수의 중국인이 류큐로 이주하여 거류구를 형성했지만, 나하항 가까이에 입지한 그 거류구는 '당영(唐營)' 혹은 '당영(唐榮)'이라 불렸고, 후에 구메촌으로 통칭되었다.

이 구메 촌인은 어느 해에 대거 류큐에 온 것이 아니다. 주잔왕 삿토가 입공하기 이전부터 아마도 소수의 중국인들이 이미 나하에 거주하고 있었다고 생각되며, 그 후 조공무역이 성행함에 따라 그 수는 서서히 증가했을 것이다. 그리고 류큐 왕국 측의 요청으로 기술 지도를 위해 방문한 자들이 있었으며, 그중에서는 고령이 되어 여생을 고향에서 보내길 희망하여 귀국한 자도 있었다. 이른바 중국과 류큐 쌍방이 공적으로 인정한 도래자(渡來者)였다. 실제로는 구메촌 사람의 대부분은 오히려 해금을 범하고 이주한 자들이었다고 추정되지만, 이 해금 위반자에 대해 명 측이 류큐에 문제 삼은 사례는 전혀 보이지 않는다.

류큐 측은 그들을 환영하여 중용했다. 구메 촌인은 어쨌든 기술 선진국의 출신자였기 때문에 그들의 노하우는 류큐의 해외무역에 있어서 결정적인 의미를 가지고 있었다. 조선, 선박수리, 항해술, 통역, 외교문서 작성, 상거래 방법, 해외정보 등 전문가로서의 그들의 기술과 지식은 해외무역의 경영상 없어서는 안 될 것이어서 구메 촌인을 어떻게 활용할 것인가는 왕국에 있어서 중대 안건이었다. 이미 등장한 『역대보안』에 수록된 외교문서는 구메 촌인의 손으로 작성된 것이며, 또 조공선을 타고 여러 나라에 파견된 사절단 가운데 부단장급 인물이나 통역관, 게다가 무역선을 실제로 조종하는 주요 인원의 대부분도 구메 촌인이 점하고 있는 경우가 많았다.

구메촌은 그러나 류큐 왕국의 행정기관인 슈리 왕부의 내부에 편성된 존재가 아니라 왕부에 대해 상대적으로 자립하여 있었다. 후에 구메촌 소야쿠[總役: 총리당영사(總理唐營司)]라 불리는 대표가 있고, 그 아래에 몇 명의 책임자가 있어서 독자적인 제도로 내부를 통괄하는 이른바 자치적인 성격을 가진 거류구였다. 왕부는 이러한 존재의 중국계 주민을 해외무역에 참여시켜 그들의 전문 능력을 교묘하게 활용하는 형태로 무역 경영을 했던 것이다.

제1쇼씨 왕조의 초대 국왕인 시쇼의 국상(國相)으로 일했던 왕무(王茂), 2대 쇼하시의 국상으로 활약한 회기(懷機)는 모두 중국인이었다. 이들처럼 구메 촌인 가운데는 단순한 해외무역 전문가로서가 아니라 오히려 류큐의 국정에 직접 관여할 정도의 인물도 있었다. 다만 구메 촌인이 아무리 중요한 존재였다고 해도 그들이 류큐의 해외무역을 직접 경영하고, 또 여러 나라에 대해 류큐 왕국을 대표할 리 없었다. 나아가 왕무나 회기 같은 인물이 등장했다고 해도 그들이 슈리성의 주인이 되어 국정을 대표했을 리도 없었다. 무역 주체는 어디까지 류큐 국왕이며, 국정의 최고 자리를 차지하고 있는 사람도 역시 국왕이었다. 말하자면 구메촌은 청부집단이며, 업무를 발주하는 자는 다름 아니라 국왕 본인이었기 때문이었다.

공무역 속의 사무역

그러면 류큐의 해외무역을 지원하는 것이 구메 촌인에게 어떤 이익이 있었는가? 이 문제를 알기 위해서는 류큐의 대 중국 무역(조공무역)의 실제를 좀 더 자세히 살펴볼 필요가 있다.

동중국해를 건너간 조공선은 민강(閩江)에 들어가 암초 '우후먼(五虎門)' 앞을 통과하고 다시 서쪽으로 거슬러 올라가 푸저우에 도착한다. 수백 인이 넘는 류큐인 도항단은 유원역(푸저우 류큐관)에 체재하지만 그중 약 20명은 중국 측에 인솔되어 육로로 여행하여 수도 베이징으로 간다. 베이징에서는 외국 빈객용 숙박시설인 회동관(會同館)[6]에 체재하고 정해진 날에 자금성에서 황제를 알현하

---

6) 중국의 원(元)·명(明)·청(淸)나라 때 외국 사신의 접견, 접대를 관할하던 관청. 원나라 지원(至元)연간(1335~1340)에 처음으로 설치되었으며, 예부(禮部)에 속하여 외국 사신의 접대를 담당했다. 명나라 때에는 병부(兵部)에 속하여 역체(驛遞) 사무를 주로 했지만,

고 류큐 국왕의 문서와 조공품을 헌납한다. 이에 대해 황제는 류큐 국왕 등에게 문서와 상응하는 회사품을 선물했다. 선물을 받은 상경사 일행은 다시 육로로 여행하여 푸저우로 돌아와 유원역에서 기다리는 사람들과 함께 조공선을 타고 귀국한다. 이것이 통상의 유형이었다.

어디에서 무역을 하는가? 우선 베이징의 회동관에 체재하는 동안 지정 상인과의 사이에서 행하는 거래, 즉 회동관 무역이 있다. 그러나 이 무역은 소규모이며 조공무역의 극히 일부에 불과했다. 무역의 중심은 푸저우의 유원역에서 지정 상인과의 사이에서 행해지는 류큐관 무역으로 여기서의 거래가 조공무역의 손익을 좌우했다. 류큐 측이 희망하는 상품이 푸저우 상인 주변에 없는 경우는 그들의 네트워크를 통해 중국의 다른 지역에서 가져오도록 하기도 했다. 말할 것도 없이 회동관 무역과 류큐관 무역 모두 그 중심은 슈리 왕부의 장사이고, 이 장사를 위해 국왕의 부하들이 부지런히 일했다. 중국에서 사들인 상품의 목록을 작성하고, 이것을 시박사에 제출하면 중국 측은 대강 면세조치를 취하여 수출 허가 수속을

1441년 남북 2관(북관 6소, 남관 3소)을 설치했다. 조선·일본·안남·류큐 사신 등은 남관에 머물렀고, 그 밖의 각위 및 토사, 각 왕부의 사절들은 북관에 머물렀다. 1492년 예부 주객사 주부 1명을 더하여 관사를 제독하게 했다. 청대의 회동관은 2가지로, 하나는 병부에 속하고 북경 황화역(皇華驛)의 사무를 담당했으며, 다른 하나는 예부에 속하고 사신을 접대하며 주객사 만·한 주사가 관사를 제독하도록 했다. 1748년 한림원 소속의 사역관(四譯館)을 합병하여 회동사역관(會同四譯館)이라 하고 예부에 소속시켰으며, 1860년의 총리각국사무아문(總理各國事務衙門)이 설치될 때까지 존속했다.

밟았을 것이다. 그러면 구메 촌인은 이 관영무역에 협력함으로써 그 이익의 분배에 참여했는가? 실태를 보여 주는 사료는 별로 알려져 있지 않지만 후세의 상황으로부터 추측하면 돈벌이 방법은 따로 있었을 것이다.

그것은 관선인 조공선에 개인 소지 상품의 적재가 허락되어 그 상품을 푸저우에서 좋은 조건으로 팔아서 이익을 올리는 방법이었다. 이 방법은 특별히 구메 촌인에게만 한정된 것은 아니고 조공선으로 바다를 건너는 다른 류큐인도 인정받은 것으로 '도해중(渡海衆)'의 부수입이 되었던 것이었다. 왜냐하면 중국 도항에는 요즘 말하는 출장 수당이 없었기 때문에 위험을 각오하는 여행에는 그 나름의 이익을 보증할 필요가 있었기 때문이다[중국으로 도항하는 것을 '도다비(唐旅)'라고 칭했는데, 지금도 이 말은 오키나와에서 '죽는다'는 의미로 사용된다]. 따라서 조공선은 왕부가 취급하는 무역품 외에 이들 도해중의 개인적인 물품도 적재하여 동중국해를 왕복하고 있었다. 바꾸어 말하면, 조공무역이란 공적 무역에는 그것을 유지하기 위한 사무역이 제도적으로 포함되어 있었던 것이다.

해금정책을 어기고 류큐로 이주해 온 구메 촌인의 입장에서 보면 명조 정부가 공인하는 조공무역이란 제도 하에서 가장 자신 있는 사무역, 즉 민간무역을 영위할 수 있었으므로, 이런 점이 바로 그들이 류큐의 조공무역을 지원하는 매력이었다.

책봉사 내항에 따른 사무역

이와 같은 것은 류큐로 가는 중국 황제의 사자인 책봉사들의 경우에서도 말할 수 있다. 황제로부터 정사, 부사 등의 사절단 수뇌에 임명된 자들은 베이징에서 푸저우로 와서 류큐 도항의 준비를 착수했는데, 이때 배를 새로 건조하는 경우도 있었고, 민간 선박을 고쳐서 충당하는 경우도 있었다. 그리고 총인원 500명에 이르는 책봉사 일행은 공무로서 류큐를 방문했지만, 그들이 탄 배에도 대량의 무역품이 실려 있었다. 위험한 임무 때문에 파견 관리들은 부수입을 보증하지 않으면 안 되었으며, 그 때문에 개인 소지 상품을 선적했던 것이었다.

그뿐만 아니라 '봉주(封舟: 책봉사가 탄 배)'에 동승하는 많은 푸젠인들의 상품도 적재되어 있었다. 왜냐하면 봉주의 건조나 전세, 봉주의 항해 등 실제의 책봉사 파견 업무는 푸젠인 없이는 실현할 수 없으며, 이들이 필요 인원으로서 봉주에 당당히 승선하고 있었기 때문이다. 푸젠인의 입장에서 보면, 책봉사 파견이란 국가적인 행사는 거리낌 없이 사무역을 할 기회였던 것이다.

후에 당인지도품(唐人持渡品)이라고 불리게 된 이 무역품에 대해 류큐 측은 '평가(評價)', 즉 품평한 다음에 값을 결정하고 기본적으로 모두 사들였다. 류큐에는 민간 상인이 존재하지 않았기 때문에 이 수매 업무는 모두 슈리 왕부의 일이었다.

이렇게 류큐의 조공무역 속에 사무역이 포함되어 있었던 것과 마찬가지로 책봉사절단 속에도 사무역이 포함되어 있었던 것이었다.[7] 그런 의미에서 말하면 류큐 – 중국 간 무역은 공무역(조공무역)을 기본으로 하면서 사무역을 내포했고, 또 사무역으로 지탱되었다는 점에 주목해야 할 것이다.

중국인 네트워크

이 관점은 류큐의 동남아시아 무역을 생각하는 데서도 중요하다. 예를 들면 『역대보안』의 중국 관계 문서가 한문인 것은 당연하지만 왜 동남아시아 여러 나라에 보내는 문서까지 한문으로 씌었는지, 왜 동남아시아 여러 나라의 국왕이 류큐 국왕에게 보낸 문서도 한문으로 씌었는지, 더욱이 또 동남아시아로 도항하는 선원 가운데 왜 통역관은 중국어를 말하는 구메촌 사람인지라는 의문을 열거해 보면 류큐의 해외무역에 대한 배경이 어슴푸레하게나마 드러난다.

해금 이전부터 동남아시아 각지의 무역항에는 이미 많은 중국인 거류구가 형성되어 있어서 거주하는 무역항을 거점으로 활발히 무역 활동을 전개하고 있었다. 재외 중국인의 주체는 류큐의 구메 촌인과 마찬가지로 푸젠인이었다. 이들은 동남아시아 – 중국 사이의 무역을 영위해 왔으며, 명나라의 해금정책으로 큰 타격을 입었음

---

7) 1534년 쇼세이왕의 책봉사로서 류큐를 방문한 명나라 진간 일행은 500명이었는데, 이들은 명 태조 이래의 규정에 의거하여 100근의 물품을 가지고 와서 거래를 했다. 이들은 그 물품의 대가로 총 1만 금을 얻었고, 1인당 평균 20금을 받았다. 명 측으로서는 2배의 이익이었다. 그런데 류큐 측은 이들 물품을 다시 동남아시아 여러 나라에 팔아 그 4배인 4만 금을 챙겼다. 양수지, 앞의 글, p.196.

이 틀림없었다. 이들은 밀무역을 제외한다면 류큐에서의 사례처럼 현지 정권의 조공무역에 관여함으로써 비로소 무역 수입을 얻을 수 있었다.

그 결과 재외 중국인 중에는 현지 정권의 외교 및 무역의 고문적인 지위를 점한 인물도 있었을 것이고, 또 조선, 항해, 외교문서 작성, 통역 등의 전문 분야에서 현지 정권을 지원한 사람들도 있었음이 틀림없다. 요컨대 류큐 무역선의 내항에 대항할 수 있는 스태프가 된 중국계 주민이 동남아시아 각지의 무역항에 존재하고 있었으며, 그들과 구메 촌인을 매개로 하는 류큐-동남아시아 사이의 무역이 이루어지고 있었다.

류큐와 팔렘방[사료에는 '구항(舊港)'으로 표기되어 있다]의 교류를 보면 구메 촌인과 이곳 중국인의 관계를 잘 알 수 있다. 자바 섬에 거점을 둔 마자파히트 왕국이 팔렘방을 그 수중에 넣었지만 실질적으로 통치를 확립할 수 없었을 때, 팔렘방 거류 중국인 세력이 우세하여 정치적으로 자립한 적이 있었다. 그때 중국인 세력의 리더는 '구항선위사(舊港宣慰使)'란 직함으로 명조에 입공하고 조공무역을 전개했다. 류큐와 팔렘방의 무역은 이 상황에 호응하는 형태로 시작했다. 게다가 『역대보안』에 의하면, 류큐 측에서 팔렘방 무역의 선창자로서 중심적으로 활동했던 사람이 쇼하시의 정치고문인 회기였다. 류큐와 팔렘방의 무역은 류큐 거류 중국인과 팔렘방 거류 중국인의 관계였음을 명료하게 알 수 있다.

한문이 국제적인 공용문으로서, 또 중국어가 국제어로서 십분

통용된 것은 이러한 중국인 네트워크가 존재했기 때문이었다. 나하항 가까이 입지한 구메촌 같은 존재는 독특하게 류큐에만 있던 것이 아니라 적어도 동남아시아 세계에도 공통된 일반적인 재외 중국인 거류구의 하나였던 것이다.

조선 무역의 변용

민간무역 세력의 존재에 착안하는 이 시각은 또 류큐와 조선·일본과의 무역을 생각할 때도 유효하다.

류큐와 조선의 관계는 1389년 주잔왕 삿토가 왜구에게 잡혀 류큐로 온 고려인을 송환하는 동시에 유황, 소목, 후추 등의 물품을 바치고 교류하고자 하면서 시작되었다. 이에 대해 고려의 왕은 류큐와의 교류는 선례가 없다고 하여 대응에 고민했지만, 결국 삿토의 요구를 받아들여 김윤후(金允厚) 등을 류큐로 보내 감사의 말을 전하게 했다. 그 3년 후인 1392년 고려가 망하고 이성계에 의해 조선이 건국됐지만, 새 정권이 되어서도 양자의 교류는 계속되었다.

조선 왕국과의 무역에 류큐 측은 적극적이었다. 또 중국 상품이나 동남아시아 생산품을 파는 시장으로서도 중요했기 때문이었다. 그러나 조선으로 가는 류큐 무역선의 항해 루트는 규슈, 쓰시마(津島) 등의 민간무역업자나 왜구가 활동하는 바다였기에 류큐의 배가 종종 방해받고 습격당할 위험에 노출되어 있었다. 위험이 크기 때문에 류큐 측은 15세기 중기 방침을 바꿔 조선에 직접 무역선을 파견하지 않고, 규슈와 쓰시마의 상인을 매개로 한 간접 무역 방식을 취하게 되었다.

이것이 류큐의 대 조선 무역의 운명이 되었다고 할 수 있을지 모르겠다. 『조선왕조실록』을 보면 류큐 국왕에게 의뢰받지 않았으면서도 류큐의 사자라고 칭하며 조선과의 무역을 요구하는 규슈, 쓰시마의 민간무역업자의 행동이 끊이지 않았기 때문이다['위사문제(僞使問題)'라고 한다]. 조선 측에서는 '위사'의 정체를 간파했으면서도 이것을 거부할 경우 그들이 왜구로 변하여 연안을 황폐시키는 사태를 염려하여 이 '위사'들을 묵인하지 않을 수 없었다. 이리하여 류큐-조선 사이의 직접 무역은 이른 시기부터 빈껍데기만 남고, 양자 사이에 일본의 민간무역 세력이 끼어드는 형태가 되었다.

끼어든 일본 상인

일본 국가 차원에서는 이들 민간무역 세력을 통제할 수 있을 정도로는 강력하지 못했고 오히려 민간의 힘이 연해나 도서부 혹은 해상에서 강력했다. 국가 권력이 통제할 수 없는 일본에서의 민간무역업자의 힘은 그대로 류큐의 대 일본 무역의 형태까지 좌우해 버렸다. 류큐는 무로마치(室町) 막부의 쇼군이나 이웃 나라인 사쓰마의 영주에 대해 종종 사절을 파견했으며, 또 하카타(博多)나 보노쓰(坊ノ津), 효고(兵庫), 사카이(堺) 등에도 무역선을 직접 보내고 있었지만, 여기서도 민간무역 세력의 존재가 컸다.

대 일본 무역도 이른 시기부터 류큐선이 직접 나가지 않고 류큐 - 일본 사이를 일본의 민간무역업자가 왕래하는 간접 방식으로 변했다. 나하와 하카타, 보노쓰, 효고, 사카이 등과의 사이에 고류큐 시기 내내 큰 민간형의 무역 루트가 형성되었으며, 왕래하는 일본 상인 중에 종종 왜구도 포함되어 있었다. 이 루트의 연장선상에 조선 무역 루트도 존재했다.

조선을 대표하는 학자 신숙주는 『해동제국기(海東諸國記)』[8] (1471)에서 유구는 "땅은 좁고 인구가 많기 때문에 바다에 배를 타고 다니며 장사하는 것으로 직업을 삼는다. 서로는 남만[동남아시아] 및 중국과 통하고, 동으로는 일본 및 우리나라와 통하고 있다. 일본과 남만의 상선들도 국도(國都)의 해포(海浦)에 모여 든다. 그 나라 사람들은 해포 주변에 점포를 설치하고 서로 교역을 한다"고 서술하고, 또 "(삿토가 처음으로 사신을 파견하고부터 계속 파견하여 끊임이 없으며, 방물을 매우 성실하게 바치는데) 혹 자기 나라 사람을 보내기도 하고, 혹 일본의 상인으로서 그 나라에 있는 자를 사신으

---

8) 조선 성종 2년(1471) 12월에 신숙주가 왕명에 따라 편찬하여 올린 것으로 일본, 류큐의 지세(地勢)와 국정(國情), 교빙내왕(交聘來往)의 연혁, 사신의 관대·예접(使臣館待禮接)의 조항들을 기록한 책이다. 조선 초기와 일본 무로마치 막부 시대의 한·일 외교관계에 있어서 가장 정확하고도 근본적인 사료일 뿐만 아니라 언어학, 민속학 연구에도 유익한 자료가 많이 포함되어 있다. 몇 차례의 추가 기록이 있었으나, 원래의 내용에 대해 증보하거나 첨삭한 흔적은 없다. 찬자인 신숙주는 세조 때의 중신(重臣)으로서 일찍부터 국가의 중추에 참여했는데, 특히 그는 세조의 명령에 따라 영의정으로서 예조의 사무를 겸장, 사대교린의 외교정책을 전담했다. 그리고 성종 즉위 이후 옛 규칙을 정비하고, 새로운 전범을 세워 외교상의 면목을 일신하게 했다. 『해동제국기』는 그의 견식과 경험을 바탕으로 그 당시 일본에서 전래된 문헌과 지난날의 견문, 예조에서 관장한 기록 등을 참작해 교린관계에 대한 후세의 궤범(軌範)을 만들기 위해 찬술한 것이다.

로 삼기도 한다"고 지적하고 있다.[9]

　대 일본·조선 루트에 일본 상인이 개입함으로써 류큐에 가져온 무역품 중에 왜구가 약탈한 노예도 포함되어 있었으며, "나하가 동아시아에서의 중요한 노예시장"(다나카 다케오, 『중세대외관계사』)이 되었다. 1431년경에는 조선 연안에서 약탈된 노예가 나하에 100여 명이나 있었던 것, 1456년경에는 그들 중 노인이 5명이고, 여성은 모두 류큐인과 결혼했던 것 등이 알려져 있다(히가시온나 간준, 『여명기의 해외교통사』). '노예시장'으로서의 나하는 류큐 측에서 강한 수요가 있었기 때문에 형성된 것이 아니었다. 노예를 파는 상인이 내항하고, 또 이것을 사는 상인이 내항하는 관계에서 생긴 거래소적인 성격이었다. 류큐 국왕은 그 거래 과정에 참가하여 노예를 사서 이들을 종종 조선에 송환했다.

　하지만 류큐 왕국과 일본 상인(왜구를 포함한다)의 관계는 대립적인 것이 아니라 기본적으로는 서로 보완관계에 있었다고 보아야 할 것이다. 왜냐하면 조공무역 루트나 동남아시아 루트를 통하여 대량으로 실어 온 중국 상품이나 동남아시아 생산품을 팔기 위해서는 일본 시장의 존재가 불가결하며, 동시에 또 중국이나 동남아시아로 수출하는 조달 시장으로서 일본 루트가 필요했기 때문이다. 역으로 일본 상인의 입장에서 보면 조공무역에 직접 참여할 수 없

---

9)　원저는 다나카 다케오(田中健夫)의 번역을 이용했으나, 옮긴이는 『해동제국기』(신용호 외 주해, 서울: 범우사, 2004)를 참조하여 보충했다.

었고, 동남아시아까지 항해할 수 있는 선박을 갖지 못한 제약 아래 어쨌든 일본 생산품을 가지고 나하까지 오면 풍부한 중국과 동남아시아 상품을 쉽게 입수할 수 있다는 이점이 있었다.

일본과의 외교를 둘러싸고

해외무역은 기본적으로 외교를 수반하고 있었다고 서술해 왔다. 그러면 일본과의 외교관계는 어떠했는가? 여기에는 매우 재미있는 사실이 있다. 외교문서집 『역대보안』에는 일본과의 관계를 볼 수 있는 문서는 한 점도 수록되어 있지 않다는 것이다.

왜 그런가? 사실은 『역대보안』에 수록된 문서는 지금까지 서술한 사정 때문에 모두 한문이지만, 일본과의 교환 문서는 모두 가나문 혹은 한문 섞인 일본문이었다. 류큐왕은 이미 15세기 초 아시카가(足利) 쇼군(將軍) 앞으로 가나문의 문서를 보냈고, 아시카가 쇼군도 또 '류큐국의 요노누시'[류큐국의 세주(世主)] 앞으로 답서를 보내고 있다. 가나문은 13세기경 류큐에 건너온 일본 승려가 전했다고 하는데, 그 일본 승려들은 류큐에서 대일 외교를 담당했다. 즉 중국, 조선, 동남아시아와의 외교 업무를 구메촌의 중국인이 담당했음에 비하여, 일본에 대해서는 류큐에 건너 온 일본 승려가 관여한 것이다. 아마 타국과는 다르다는 동문동종의식(同文同宗意識)이 이러한 방식을 갖게 한 듯하다. 한문과 동시에 가나문이 공용문서로 쓰였다는 사실은 4장 이후에서 서술하는 '사령서'의 문제와 깊이 관련된다.

또한 『오모로사우시』에는 '야마토다비'라는 표현이 나오는 오모로가 있기 때문에 일본 도항은 야마토 여행이라고 부르게 되었다.

포르투갈인과의 만남

이상의 상황을 볼 때 류큐의 해외무역은 공무역 방식으로만 성립된 것이 아니라 그 내부나 주변에서 전개하는 사무역과 민간무역에 의해 지탱되고 있었음을 알 수 있다. 아마도 그 실태는 명대 이전부터 이미 활발해진 아시아의 사무역, 민간무역이 책봉·조공정책, 해금정책이라는 공무역 우선주의에 대응했던 역동적인 모습일 것이다. 그리고 동남아시아에 무역선을 보냄으로써 류큐 교역루트를 더욱 확대하게 되었다.

말라카 해협의 서쪽은 인도양이다. 15세기 초에 성립한 말라카왕국이 번영을 자랑할 때, 인도 상인이나 아랍 상인이 인도양을 건너 말라카로 내항해 왔다. 그리고 대항해 시대의 파도를 타고 포르투갈 세력이 진출했고, 류큐에서는 쇼신왕의 치세, 왕국의 전성기를 맞고 있었던 1511년 말라카는 포르투갈에게 정복되었다. 정복직후에 말라카에 체재했던 포르투갈인 토메 피레스(Tome Pires)[10]

---

10) 1466년 리스본에서 출생. 1512~1515년 말라카에서 『동방제국기』(원래 제목은 『(아라비아의) 홍해에서부터 중국까지를 취급하는 스마 오리엔탈』임)를 집필하고, 1517년 명과 정식 국교를 체결하기 위한 대사로 포르투갈 공식사절단을 이끌고 베이징으로 갔다가 포르투갈에 나라를 빼앗긴 말라카 사절의 호소로 투옥되어 옥중에서 사망했다. Roderich Ptak·신용철, 「포르투갈 극동무역의 성쇠(成衰): 1513~1640년간 마카오와 일본을 중심으로」, 『東洋史學研究』 22, 1985.

의 『동방제국기』는 '레키오인(류큐인)'[11]에 대해 자세히 기술했는데, 그중에서 피레스는 매년 2, 3척의 레키오인의 무역선이 말라카에 와서 인도의 벵골산 의복을 대량으로 사간다고 서술하고 있다.

동서무역의 거점이기 때문에 그곳에서 류큐인이 인도인과 거래를 했다고 해서 특별히 신기한 것은 아니다. 하지만 새삼 주의해야 할 것은 류큐의 해외무역 루트가 말라카에까지 도달했을 때 자동적으로 인도양, 서아시아 그리고 지중해 세계라는 서방으로 연장된 무역 루트와 연결되었다는 것이다. 류큐의 동남아시아 무역은 말라카를 매개로 더욱 세계적인 무역 네트워크에 연결되었던 것이며, 그 상징적인 사례가 말라카에서의 인도인과의 거래였다.

말라카 왕국 정복이라는 격동 속에서 당연한 것이지만, 포르투갈 세력은 류큐의 동남아시아 무역과 접촉하게 되었다. 토메 피레스의 『동방제국기』를 비롯하여 포르투갈인은 레키오인에 관한 많은 보고서와 지도를 남기고 있다. 그중의 한 사람 디에고 데 프레이타스(Diego de Freitas)는 1540년경에 샴의 아유타야에서 만난 '레키오인'과 친해져서 그 '레키오인'으로부터 얻은 다양한 정보를 기록하고 있다. 예컨대 '레키오인' 무역선의 선장은 도항한 자들은 생사에 관계없이 모두 데리고 돌아오도록 류큐 국왕의 명령을 받았으며 실제로 샴에서 죽은 레키오인 3명이 고국으로 보내어지기 위해 소금으로 방부 처리된 것을 목격했다고 서술했다. 프레이타스는

---

11) 레키오(Lequio)는 15세기부터 16세기 중반의 포르투갈어로 류큐를 가리키는 말. 류큐인은 Lequios 혹은 Lequeios이다.

또 포르투갈선이 두 번에 걸쳐서 레키오인의 섬으로 내항한 것을 기록했다. 전문가에 따르면 그 내항 연도는 1542년과 1543년이라고 한다(기시노 히사시, 『서구인의 일본 발견』). 결국 최초의 내항은 포르투갈인이 다네가시마(種子島)에 철포를 전하기 1년 전이었다.

류큐인의 활동 범위가 동남아시아까지 미쳤기 때문에 이런 의외의 만남이 있었고, 또 귀중한 기록이 남게 된 것이다.

빛나는 시대의 종언

16세기에 들어서면 포르투갈과 스페인으로 대표되는 유럽 세력이 진출했고, 명왕조도 약체화되어 해금정책이 실효를 잃게 되는 동시에 중국 상인이 대량으로 해외에 진출하게 되었다. 이 때문에 류큐의 해외무역은 점차 후퇴하지 않을 수 없었다. 게다가 16세기 후반이 되면 일본 상인이 직접 동남아시아로 나아가게 되었기 때문에 류큐의 동남아시아 무역은 1570년 샴으로의 출항을 마지막으로 기록에서 자취를 감추었다. 동아시아와 동남아시아 세계가 거대한 사무역, 즉 민간무역을 위한 공간으로 변용했으므로, 이제까지 류큐가 차지해 왔던 중계무역의 지위는 잃어버리게 되었던 것이다. 무역의 쇠퇴에 의해 구메촌도 유령 도시가 되고 거류구의 중국계 주민은 다른 사업 기회를 찾아서 떠났으며, 푸젠으로부터 해외로 나간 사람들도 구메촌이 아니라 동남아시아로 돈벌이 하러 가게 되었다(또한 구메촌에는 약간의 중국계 주민이 남아 있었지만 17세기가 되어 표착한 중국인을 더하고, 또 류큐인 중에서 중국어를 말하는 사람들을 구메촌으로 이적시켜 근세 구메촌의 부흥을 꾀했다).

그 새로운 변화 속에서 여전히 남아 있던 것은 중국과의 조공무역과 일본 상인을 매개로 한 대일 무역뿐이었다. 빛나는 시대는 아시아사의 변동과 함께 끝났던 것이다.

3. 류큐사의 가능성을 찾아서

동남아시아를 두루 방문하다

류큐의 해외무역과 연고 있는 지역을 방문하기 위해 나는 기회를 얻어 종종 여행에 나섰다. 그 경험을 기록하여 이 장을 마치고자 한다.

이 여행은 1974년 동남아시아로부터 시작했다. 말라카, 아유타야, 순다카라바(자카르타), 팔렘방 등 류큐 무역선이 닻을 내린 항구를 몇 번 방문했다. 최초에 말라카를 방문했을 때의 인상은 실로 충격적이었다. 동서무역의 요충인 말라카 해협을 지배하고 동남아시아 무역센터로서 찬란한 번영을 자랑했던 말라카 왕국, 그리고 류큐선이 해마다 다녔을 그 말라카에는 예전의 위대한 역사를 전하는 어떤 것도 남아 있지 않았던 것이다.

말라카 측에 류큐와의 관계를 전하는 증거가 없다면 류큐사 자체를 다시 바라봄으로써 지금은 아무것도 없는 말라카와 마주 대할 수 있는 역사상을 제시하지 않으면 안 된다. 그 생각을 졸저 『류

큐의 시대(琉球の時代)』(1980년)에 썼다. 그 때문에 나는 말라카의 땅을 몇 번이고 밟고 있다. 그리고 방문할 적마다 말라카의 풍경으로부터 역사상의 다양한 국면을 제시받고 있다.

취안저우(泉州)에서의 경험

중국을 방문할 수 있었던 것은 겨우 1981년부터였다. 그 이전에 일본과 중국의 국교 회복은 이루어져 있었지만, 내가 방문하고자 하는 푸젠성은 당분간 외국인에 대한 미개방 지구의 하나였기 때문이다. 그 뒤 나는 취안저우, 푸저우(모두 푸젠성), 광저우(광둥성), 난징(장쑤성), 베이징 등 류큐와 인연 있는 땅을 종종 방문했다. 취안저우와 푸저우는 류큐선의 입국항이고, 광저우는 동남아시아로 향하는 류큐선의 경유지이며, 난징은 명조 초기의 수도로 그곳의 남경국자감(최고학부)에는 류큐 유학생 상당수가 공부하고 있었다. 베이징은 말할 것도 없이 조공사절단의 최종 목적지였다.

1372년부터 1472년까지의 100년간 류큐 전용의 입국 지정항이 된 취안저우는 원나라 때까지는 중국 최대의 무역항으로 알려졌으며, 마르크 폴로도 『동방견문록』에서 그 번영을 특필할 정도였다. 처음 취안저우를 방문했을 때, 유명한 취안저우해외교통사박물관에서 작은 간담회를 가졌는데, 모인 연구자들은 나를 제쳐 놓고 격론을 벌였다. 1472년에 왜 시박사는 취안저우로부터 푸저우로 옮겨 갔는가라는 문제를 가지고, "그것은 호우주(后渚)항이 토사로 막혀 항만으로서 쓰지 못하게 되었기 때문이다"라고 주장하는 사람,

"아니, 그렇지 않다. 취안저우를 거점으로 한 밀무역이 성행하여 시박사를 둘 장소로서 적절치 않았기 때문이었다"라고 반론하는 사람 등 어쨌든 토론하기 좋아하는 중국인의 박력에 경의를 표하지 않을 수 없었다.

취안저우시 교외의 충우(崇武)라는 촌의 지방사 『숭무소성지(崇武所城志)』[12]의 명대 초기의 기술에 아마도 명조 정부의 명령이 있었는지, 현지의 '경백호(經百戶)'가 류큐 주장왕에 대해 '사백료(四百料)의 전선(戰船)'을 주었다는 부분이 있는데, 나는 그 복사본을 받았다. 명조 초기에 해선을 공짜로 류큐에게 주었고, 이를 받았다는 새로운 증거이다. 또 취안저우 일대에서는 그 옛날 류큐와 장사하는 사람을 가리켜 '쭈어리우치우(做琉球)'라는 말이 사용되었음을 배웠다. 이것은 사무역·민간무역업자와 류큐와의 관계를 암시하는 말로서 주목되는 것이었다.

취안저우에서는 또 현지 연구자로부터 족보 하나를 제공받았다. 『청원림이종족보(清源林李宗族譜)』라고 불리는 것으로 그중에 임역암(林易菴)과 그 아들이 류큐에서 온 조공사절단을 돌보는 '토통사(土通事)' 노릇을 하고 있었다는 기사가 등장한다. '토통사'는 류큐

---

12) 푸젠성 호이안현(惠安縣) 숭무소에 대한 지방지. 3권으로 가정 21년(1542)에 주동(朱彤)이 찬수하고, 숭정(崇禎) 7년(1634)에 진경법(陳敬法)이 증보했으며, 민국연간에 이르기까지 계속 내용이 보충되어 명대 원본은 불분명하다. 1987년 푸젠인민출판사의 교점활자본과 1992년 장쑤고적출판사 영인본이 간행되었다. 내용은 성지(城池), 와포(窩鋪), 공서(公署), 관제(官制), 전선(戰船), 군기(軍器), 묘사(廟祀), 민거(民居), 산수(山水), 세시(歲時), 습상(習尙), 어과(漁課), 생업(生業), 충신, 효자 등 모두 50항목으로 되어 있다.

어를 말하는 통역으로 그들은 류큐 측과 시박사의 사이에서 중요한 역할을 발휘하는 담당자였다[후에 '하구통사(河口通事)'라고 불리게 되었다]. 류큐 측에 중국어를 말하는 보조자들이 많이 있었음에도 불구하고 이러한 통사, 주선자까지 존재했던 것이다. 임 부자의 활약은 1460년대의 일이고, 나에게는 그들이 어디서 류큐어를 습득했는지 궁금했다. 취안저우 체재 중의 류큐인으로부터인가? 그렇지 않으면 사무역·민간무역 루트를 타고 종종 류큐로 도항하는 기회가 있었기 때문일까?

류큐와의 교류 흔적

취안저우로부터 북으로 차를 달려 4시간이면 푸저우에 도착한다. 푸저우는 1472년부터 류큐 왕국이 붕괴한 1879년(메이지 12년)까지 류큐 전용의 지정항이며 유원역(푸저우 류큐관)이 설치되어 있던 도시이다. 류큐관이 있던 장소는 지금도 분명히 확인할 수 있으며, 1992년 12월 동지에 기념관이 건설되었다. 또 교외에는 근세기에 이곳에서 죽은 류큐인의 묘가 지금도 몇 개 남아 있으며, 시의 문화재로 지정되어 있다. 푸저우는 류큐와 교류의 흔적이 다수 남아 있는 도시이며, 나에게 있어서 역사상의 현장을 걷는 긴장된 한때였다.

푸저우로부터 배를 빌려 타고 민강을 내려가 조공선의 출입구가 된 하구부에 걸쳐 있는 우후먼(五虎門)을 방문하고, 류큐 측의 기록과 대조하기도 하고, 또 푸젠의 연구자의 협력을 받아 류큐로 이주

조공무역에 종사하였고, 1718년 푸저우에서 병으로 죽은 류큐인 겐카 페친(源河親雲上, 중국명은 향유번向維藩)의 묘.

하여 해외무역을 지원했던 구메 촌인을 보낸 촌과 옛 땅을 조사하기도 하는 가운데 항상 새로운 발견을 했다. 그리고 푸저우를 출발하여 멀리 떨어져 있는 베이징을 향한 류큐 조공사절단의 길에서 가장 힘든 곳인 셴샤령(仙霞嶺: 푸젠성과 저장성의 성 경계)의 산들을 선인의 기록을 참고하여 넘어가기도 했다.

류큐의 해외무역과 인연이 있는 곳을 방문하는 여행은 아직도 계속 중이다. 류큐사 쪽에서 확인하고 싶은 점이 많았기 때문이며, 동시에 또 류큐사 쪽에서는 결코 알 수 없었던 상황을 염두에 둔 목적 때문이었다.

하지만 나의 진짜 목적은 오히려 고류큐의 공간적인 넓이와 깊이를 실감하는 데 있었다. 류큐사를 좁은 섬 사회의 향토사로서 파악하는 것이 아니며, 또 류큐사의 가능성을 종래의 좁은 '일본사'나 '지방사' 속에 가둬 버리는 것이 아니라, 류큐사가 활약했던 역사적 공간을 실감하도록 하기 위해 아시아와 연고 있는 지역에 설 필요가 있었던 것이다. '아시아 속의 류큐'를 이론으로서가 아니라 역사가의 감성의 영역에까지 강하게 내재화하고 싶었던 것이다.

14세기 말부터 16세기 중기까지 아시아 세계에 활약하던 류큐의 해외무역 융성의 시기를 나는 세계사의 대항해 시대를 염두에 두면서 '대교역 시대'라고 명명했다. 고류큐의 시간과 대체로 중첩되는 이 시기를 왜 굳이 대교역 시대라고 명명할 필요가 있었는가? 그 이유는 두 가지이다. 하나는 고류큐의 왕국 형성 과정을 넓게 아시아 세계 속에서 파악할 필요가 있으며, 이를 위해 고류큐가 띠고 있는 아시아사적인 성격을 역설하고 싶었기 때문이다. 또 하나는 위의 사실과 관련된 것이지만, 왕국 형성에서 무역의 이익이 물질적인 기초가 되었던 점, 국제사회와의 교류가 왕국 형성에서 교사 역할을 수행했던 점 등의 문제를 강조하고 싶었기 때문이다.

고류큐의 구체적인 역사적 전개가 그러했던 것처럼 류큐사 연구는 항상 아시아 역사를 염두에 두고 씨름할 필요가 있다. 그러한 유연한 공간 인식이 류큐사에는 불가결하다는 생각이 대교역 시대라는 개념을 제창한 이유였다.

제4장 사령서(辭令書) 왕국

1. 사령서의 재발견

왕부제도에 착안

3장에서 서술한 것처럼 나는 말라카를 시작으로 류큐의 무역선이 도항한 지역을 찾는 도보여행을 계속하고 있다. 이 활동 속에서 류큐사의 넓이를 확인할 수 있었고, 동아시아로부터 동남아시아에 이르는 국제 세계의 동향의 일환으로서 류큐 왕국의 활동을 평가해야 함을 느낄 수 있었다. 하지만 귀국 길에 피로한 몸을 비행기 좌석에 맡길 때가 되면 항상 답답한 생각이 들었다. 또한 선명한 역사상이 떠오르지 않고 어떤 중요한 점이 빠져 있다고 느꼈다. 넓이를 느끼면 느낄수록 그 답답함은 강해졌다.

답답함의 정체는 쉽게 발견되었다. 배를 타고 거친 바다를 건너 활동한 류큐인들의 이미지는 그려지지만, 류큐인들은 배가 출발하기 전 어떤 조직에 속해 있었는가? 어떻게 일하고 있었는가? 요컨대, 그들의 지상 근무에 관한 구체적인 모습을 알 수 없다는 것이었다.

왕국에 의해 경영되던 류큐의 해외무역은 실제로는 왕의 신하들이 담당한 것이었다. 그들 신하들의 지상 근무를 어떻게 그려 낼 것인가? 나아가서는 그 신하들을 공적 인원으로 파악하고 있었던 조직체는 어떠한 것이었을까? 해외무역을 추진한 조직체, 예컨대 '무역회사' 문제를 해명할 필요가 있다. 그리고 해외무역이 공적 경영이었던 사정으로 보아 이 '무역회사'의 해명은 류큐 왕국의 운영조직을 해명하는 작업과 같다. 해외무역을 추진하는 데 있어서 불가결한 존재였던 구메 촌인에 대해서는 이미 그 역할은 알 수 있지만, 구메 촌인을 활용하는 주체이고 동시에 또 해외무역의 경영을 담당하고 있던 왕국의 운영조직, 즉 슈리 왕부제도의 문제를 이해해야만 한다.

해명해야 할 과제는 분명하다. 그러나 사료는 전혀 없는 것이나 다름없다. 고류큐 시대의 류큐 측 사료로서 외교문서집 『역대보안』, 제사 가요집 『오모로사우시』 등이 거론되는 정도일 뿐 왕부제도의 실태를 이해하는 사료로서는 기대하기 어렵다. 또 활황을 보이기 시작한 고고학에 의한 발굴 조사라 해도 유구(遺構)와 유물은 검출하지만, 왕부제도라는 조직이 땅 속에 묻혀 있을 리도 없기 때문에 그 성과에 기대할 수도 없다. 사료를 얻을 수 없다면 체념할 수밖에 없지 않을까 하고 생각하던 차에 만난 사람이 아라키 모리아키(安良城盛昭) 씨였다.[1]

사료는 악기다

1976년의 일이다. 그때 아라키 모리아키 씨는 도쿄대학 사회과학연구소를 사직하고 오키나와대학에 적을 두고 류큐사 연구를 근저부터 바로잡으려는 일과 씨름하고 있었다. 종종 그를 뵐 기회도 있었는데, 사료분석의 방법과 역사상 구성의 논리 전개라는 그의 예리한 논조에는 몸이 오그라드는 느낌을 받았다. 어느 날 함께 스낵바에서 맥주를 마셨을 때의 일이다. 아라키 씨는 "사료는 악기와 같은 것이라고 생각합니다. 우선 그 악기를 퉁겨서 소리 낼 정도의 역량은 반드시 있어야 합니다. 그리고 그 악기가 발휘하는 최고의 음악을 연주자는 끌어내지 않으면 안 됩니다"라고 했다.

악기로서의 사료, 그것을 타는 연주자로서의 역사가, 이 두 개의 키워드가 나의 눈을 열었다. 그리고 아라키 씨가 구체적으로 지시하고 싶었던 사항에 대해서도 이해하고 있었다. 아라키 씨는 사령서가 가진 가능성을 말하고 싶었던 것이다. 그 이전부터 아라키 씨

---

1) 오키나와 출신의 저명한 일본 경제사학자이자 오키나와대학 교수. 저서로는 『막번 체제 사회의 성립과 구조』(1970), 『다이코 검지와 석고제』(1979), 『신오키나와 사론』(1980), 『일본 봉건사회성립사론』 상·하(1984, 1995); 『천황, 천황제, 백성, 오키나와―사회구성사 연구에서 본 사회사연구 비판』(1989), 『천황제와 지주제』 상·하(1990) 등이 있다.

는 고류큐 연구에서 사령서가 얼마나 중요한지를 기회 있을 때마다 주변 연구자에게 역설했으며, "사령서로 보면 고류큐가 잘 보일 수 있다"고 말하는 것을 나도 몇 번 들었다. "상식적인 눈으로 사령서를 보는 것이 아니라 엄밀한 눈으로 사령서를 바로 본다면 어떨까? 사령서를 악기로 보고 마음껏 연주하는 노력이 필요하다고 생각하지 않습니까?"라고 아라키 씨가 예리하게 독촉하는 것처럼 느껴졌던 것이었다.

사령서라는 것은 바로 사령, 오늘날도 널리 쓰이는 공적인 임명장이다. 아직 각지에 남아 있는 이 사령서를 사용하여 아시아 세계에 관여한 류큐 왕국 내부의 왕부제도를 탐구한다는 이 과제는 아라키 씨의 훈도를 받은 그날 밤에 생각한 것이었다고 해도 과언이 아니다.

사료 조사를 시작하다

그로부터 며칠 지났을 때 나는 아라키 씨의 수행자로 사료 조사에 나섰다. 오키나와 본도 북부의 모토부마치에 사령서 같은 사료를 보존하고 있는 집이 있다는 정보를 얻었기 때문에 오키나와국제대학의 나카치 데쓰오(仲地哲夫) 씨와 함께 3명이 그 사료를 확인하러 갔다.

모토부마치의 헤나치(辺名地)라는 마을에 도착했다. 대대로 노로(공적 존재인 지방 신녀)를 낸 가문이었다고 하는 나카무라가(仲村家)를 방문하자 주인은 불단(佛壇) 위에 걸려 있는 액자를 내려서 속을 열고 고깃고깃하게 된 3점의 고문서를 보여 주었다.

확실히 그것은 사령서였다. 세심한 주의를 기울이면서 구김을 펴자 만력 32년(1604)에 헤나치 메자시(目差: 지방 관리의 하나)를 임명하는 것, 동 35년에 구시카와(具志川) 노로에 마카토라고 하는 여성을 임명하는 것, 동 40년에 자하나 오키테(謝花掟: 지방 관리의 하나)를 임명하는 것이었다. 이 내용은 세로 약 30cm, 가로 약 40cm 정도의 종이에 유려한 히라가나로 쓰여 있으며, 상부의 좌우에 사방 10cm 크기의 붉은 도장 '수리지인(首里之印)'이 찍혀 있었다.

사령서를 본 것은 물론 처음이 아니었다. 예컨대 슈리의 다나가(田名家)에 전하는 32점의 사령서를 본 적이 있었다. 이상하게도 관심이 없을 때는 단순한 풍경에 불과했으며, 자신에게 압박해 온다는 인상은 전혀 없었다. 그러나 헤나치의 사령서 3점은 눈부실 만한 분위기를 내뿜고 있으며, 실로 신선해 보였다. 아라키 씨의 말을 빌리면, 바로 연주해 보고 싶은 악기라고 생각되었다.

그날 이후 나는 파일을 준비하여 사령서에 관한 정보를 철저하게 수집했다. 아름다운 현물이 남아 있는 사례, 사진으로 촬영되어 남아 있는 사례, 다른 문서나 연구자의 노트에 베껴져 남아 있는 사례, 인쇄물에 불완전한 형태로 인용되어 남아 있는 사례 등 잔존 상황은 실로 다양했다. 모토부마치의 헤나치의 사령서를 보았을 때부터 헤아려 17년 가까운 세월이 흘렀지만, 그동안 나는 많은 분들의 도움으로 202점 이상의 사령서를 확인할 수 있었다.

그래서 나는 이 사령서 뭉치를 악기로 삼아 류큐 왕국 내부의 왕부제도의 실태를 테마로 하는 음악을 어느 정도 연주할 수 있을까 하는 연구과제에 몰두하게 되었다.

2. 무엇이 반영된 것인가

헤나치의 사령서를 읽는다

헤나치에서 본 3점의 사령서의 연대에 주의하기 바란다. 기록된 연호는 물론 중국 연호로, 서력으로 환산하면 1604년부터 1612년의 범위가 된다. 그 시기 류큐 왕국은 도쿠가와 이에야스와 사쓰마의 시마즈씨의 강압적인 요구에 직면하여 동요 끝에 드디어 1609년 봄, 사쓰마군 3,000명의 침략을 받고 그 점령 하에 놓여 버린 시대이다. 문자 그대로 미증유의 국난을 만난 시기였다.

헤나치의 3점의 사령서는, 이런 격동의 시국 하에서도 사령서를 작성하여 사람을 임용하는 업무를 계속하였으며, 동시에 또 사령서를 감사히 받고 지방 관리나 노로직에 취임하는 전통이 건재했음을 알려주고 있다. 아무 일도 일어나지 않았던 듯한 얼굴을 하고 있는 사령서의 그 문면에 감도는 고요함이 나에게는 이상하기 그지없었다.

설명할 것까지도 없이 사령서는 특정 직위에 사람을 임용하기 위한 공문서이다. 게다가 이 공문서는 사람을 임용할 때 한 번만 쓰는 것에 불과하다. 따라서 작성 시점인 특정 시제를 띤 것이며, 상당한 호기심이 없는 한 후세에 이것의 위조문서를 만들려는 사람은 없다.

사령서는 작성된 그 시제만을 표현한다는 원리에 따르자면, 헤나치의 사령서 3점은 사쓰마군 침략 전후의 어느 시기에서조차 임용 업무가 기능했음을 분명히 보여 준다. 어느 국난의 시기, 사쓰마군의 점령 아래라고 해도 그 지배 실태는 류큐의 일상을 바꿀 정도는 아닐 거라는 논점조차 제시될 정도이다.

하지만 그렇지 않다. 헤나치의 사령서는 사쓰마군의 침략과 정복이 역시 류큐에게 큰 충격이었음을 보여 주고 있다. 번거롭지만 그것을 알기 위해 2점의 사령서를 인용해 보고자 한다.

[A 구시카와 노로직 서임 사령서(具志川ノロ職敍任辭令書, 1607)]

쇼[리]의 [조(詔)]

[인] 미야키젠 마기리[2]의

　　구시카와 노로 또 아울러

　　50누키 밭 네 개

　　구시카와하루 또 니요하바루 또 하마가와하루 또 호키하루 모두

　　전임 노로의 자식

---

2) 류큐 왕국 시대의 행정 구분의 하나. 이념적으로는 현재 일본의 도·도·부·현(都·道·府·縣)에 해당하지만, 현실적 면적으로는 시·정·촌(市·町·村)에 해당한다. 류큐의 역사에서 크게 두 번 마기리의 구획이 변경되었으며, 또 아마미 제도에서는 사쓰마 지배 하에 들어간 후에도 마기리제가 계속되고 증감도 있었다. 1907년(메이지 40년) 오키나와현 및 도서에 대한 정·촌 제도의 실시가 공포되고, 1908년 폐지되었다. .

한 사람 마카토에게

인 내리노라

쇼리로부터 마카토에게 내린다

만력 35년 7월 15일

요점만을 말하면, 나키진 마기리의 구시카와 노로직에 선대 노로의 딸인 마카토를 임명하는 동시에 그 노로직에 부대하는 수입원으로서 50누키 면적의 밭을 준다는 의미이다. '마기리(間切)'는 행정 구획, 누키는 면적 단위지만, 자세한 것은 제5장에서 설명하겠다. 사령서 첫머리에 나오는 '쇼리(首里)'는 국왕이다.

또 하나의 사령서는 보존 상태가 좋지 않지만 다음과 같이 쓰여 있다.

[B 자하나 오키테 서임 사령서(謝花掟敍任辭令書, 1612년)]

쇼리의 조(詔)

인 미야키젠 마기리의

자하나의 오키(테는)

미노헤반의〔글자 빠짐〕

〔글자 빠짐. 다만 맨 앞에는 '한 사람(一人)'이라고 쓰여 있던 것은 확실〕

인 내리노라

만력 40년 12월 8〔일〕

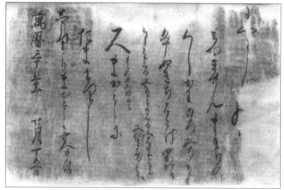

헤나치 나카무라가 사령서(辺名地仲村家令辭令書)

(위) 발견 당시의 상태. 액자에 들어 있어서 몇 점인지도 알 수 없는 상황이었다.
(아래) 복원 후의 구시가와 노로직 서임 사령서. 이 책에서는 A문서라고 부른다.

　　나키진 마기리의 지방 관리의 하나인 자하나 오키테에 어느 인물(안타깝게도 인명은 빠졌지만 오키테는 남성이 맡는 직역이기 때문에 남성이다)을 임명하는 것이다. 자하나는 나키진 마기리 가운데 시마

(말단 행정 단위)의 하나이며, 그 시마를 관할하는 관리를 오키테라고 불렀다.

A는 1607년, B는 1612년에 작성되었기 때문에 겨우 5년의 시간밖에 경과하지 않았다. 그럼에도 불구하고 양자를 비교하면, A사령서에 있는 "쇼리로부터 마카토에게 내린다"에 상응하는 문구가 B에서는 완전히 빠졌음을 알 수 있다.

다른 사령서도 비교해 봤지만, 마찬가지로 B연대 이후의 사령서에는 "쇼리로부터 마카토에게 내린다"에 상당하는 문구는 전혀 발견되지 않았다. 결국 1609년의 사쓰마군의 침략과 정복을 계기로 사령서의 문면에 변화가 생겼음을 분명히 확인할 수 있다.

왜 이러한 변화가 일어났는가? 헤나치의 사령서를 볼 때부터 나는 이리저리 궁리해 왔다. "'쇼리(슈리＝국왕)'의 이름으로 이 사령서가 마카토처럼 임용을 받은 특정 인물에게 준다"고 규정하는 중요한 문구이기 때문에 이것이 소멸되었다는 것은 사쓰마 지배 하에서 국왕의 권위가 약체화된 것을 보여 주는 것이 아닐까 라고도 생각했다. 그러나 슈리＝국왕의 말, 조(詔)의 의미인 "쇼리노오미코토"가 A · B사령서 맨 앞에 등장하기 때문에 이 상정에는 무리가 있다. 안타깝지만 지금으로서는 이 문제를 풀 열쇠를 찾지 못했다.

"쇼리로부터 마카토에게 내린다"는 왜 사라졌는가? 이 문제를 둘러싸고 다람쥐 쳇바퀴 돌듯 반복하는 중에 아라키 씨의 말이 새롭게 생각났다. 사령서가 가지고 있는 '최고의 음악'이란 무엇인가? 그 연주법에 대해 근저부터 다시 생각할 필요가 있다고 느꼈던 것이다. 하나의 문구의 소멸을 둘러싼 문제에 구애되어서는 '최고의 음악'에 결코 도달하지 못한다.

'최고의 음악'을 듣기 위해서는 기본으로 되돌아가 사령서를 검토할 필요가 있다. 그래서 사령서를 한 점 한 점 따로따로 파악할 것이 아니라 항상 전체로서 파악하고 사령서의 문면에 기재된 한자 한 구절의 해석을 중시하면서도 항상 사령서의 전체적인 형식을 중시한다는 기본적 자세로 연구를 시작하기로 했다.

사령서의 원리

그런데 우선 사령서란 공문서는 어떤 특성을 띠고 있는 것일까? 사령문서, 임용문서, 임직문서류의 원리적인 측면을 확인해 두고자 한다.

사령서는 반드시 어느 특정의 조직·단체의 존재를 전제로 한다. 사령서를 주는 임명권자를 '발급자', 사령서를 받는 존재를 '수급자'라 부른다면 사령서에는 반드시 이 양자의 이름이 명기되지 않으면 안 된다. 발급자의 이름으로 수급자를 특정하여 사령서를 교부할 필요가 있기 때문이다. 다음에 사령서에서 발급자는 수급자에 대해 무엇을 주는가, 이 문서가 작성된 첫째 목적을 명시할 필요가 있다. 관장이 되게 할 것인가, 영업부장이 되게 할 것인가 하는 구체적인 사항이다. 이것을 '급여 내용'이라고 부르고자 한다. 또 하나 필요한 사항이 있다. 그것은 이 문서가 언제 성립한 것인가, 바꾸어 말하면 임용행위가 어느 시점에 발효될 것인가를 명기하는 것이다. 이것을 '발급 연월일'이라고 불러 두자.

결국 사령서라는 것은 발급자, 수급자, 수여 내용, 발급 연월일이라는 네 개의 구성 요건을 가진 문서인 것이다. 알기 쉽게 말하면 언제, 누구의 이름으로 누구에게 무엇을 주는가 하는 사항이 명확하게 기술된 문서였던 것이다.

A·B사령서를 다시 한 번 돌이켜 보기 바란다. A사령서에서의 발급자는 '쇼리(슈리＝국왕)', 수급자는 마카토란 여성이었다. 수여 내용은 나키진 마기리의 구시카와 노로의 직에 임용하고 동시에 그의 직에 부대하는 수입원으로서 50누키의 밭을 주는 것이었다. 그리고 발급 연월일은 만력 35년(1607) 7월 15일이었다. B사령서에서 발급자는 마찬가지로 '쇼리', 수급자는 파손되어 불명(단 남성), 수여 내용은 나키진 마기리의 지방 관리의 하나인 자하나 오키테 직에 임명하는 것, 발급 연월일은 만력 40년(1612) 12월 8일이었다. 완전히 사령서의 구성 요건을 만족시킨 것임을 알 수 있다.

그러면 애당초 사령서는 무엇을 위해 존재하는 것인가?

사령서는 반드시 어느 특정 조직·단체의 존재를 전제로 한다. 게다가 사령서는 특히 그 조직·단체의 내부에서 사용되는 문서이고 대외적으로 사용되는 것은 아니다. 또 발급자와 수급자의 관계는 그 조직·단체 내부에서의 조직적인 것이며, 결코 사적인 관계로서 표현되는 것은 아니다. 사장과 영업본부장은 퇴근 후 술집에서 친구로서 술을 마실지는 모르지만, 사령서에 표현될 때는 어디까지나 사장 - 영업본부장이라는 기업조직 내의 관계인 것이며, 여기서는 비인격적인 조직의 논리가 작동하고 있다. 그런 조직적인 관계를 전제로 함으로써 임명권자인 사장은 영업본부장을 임명할 수 있고, 그 임명의 효력을 보증할 수 있는 것이다. 당연한 것이지만, 조직의 일원인 영업본부장은 사장의 임용행위에 따를 의무를 지고 있다. 이러한 조직적 관계를 내부적으로 가짐으로써 비로소 조직과 단체는 존립할 수 있다고 할 것이다.

어떤 사정으로 '류큐 왕국 산업'이란 회사가 소멸했다고 하자. 그 기업의 내부 사정을 전하는 회사 안내, 조직도 등의 자료가 전혀 남아 있지 않다고 가정할 경우 어떻게 하면 '류큐 왕국 산업'이란 회사의 내부 조직을 파악할 수 있을까?

나라면 그 회사에 근무한 경험이 있는 전직 사원의 집을 방문하여 각각의 집에 보관되어 있을 사장 이름으로 발급된 사령서를 카메라에 담을 것이다. 그렇게 하면 회장, 부사장, 사장, 전무, 상무, 영업본부장, 총무부장, 영선과장, 고객서비스과장보좌, 시설계장 등 다양한 직책명을 수집할 수 있다. 그들의 직책명을 나열하고 각각 조직 내에서 어떤 위치관계, 상하관계에 있는지를 음미한다면 희미하나마 '류큐 왕국 산업'의 내부 조직의 이미지가 마치 불에 쬐면 나타나는 그림처럼 떠오르지 않겠는가?

결국 사령서라는 것은 특정 조직·단체의 내부 상황을 비추는 거울인 것이다. 확실히 한 장의 사령서가 투영해내는 것은 점에 불과하다. 그러나 그 조직·단체에 관한 사령서군을 통해 전체적으로 파악한다면 다양한 점을 연결한 선이 보일 것이다.

류큐 왕국의 내부 조직, 즉 슈리 왕부의 이미지를 사령서를 이용해 그려 본다는 나의 과제는 이제 개개의 사령서가 보여 주는 점을 확인하고, 그 위에서 각 점을 맺는 선을 찾아내는 작업이라고 인식하게 되었다.

3. 기술형식이 보여 주는 것

사령서의 3가지 유형

우선 맨 먼저 씨름한 작업이 사령서의 형식과 변천의 문제였다.

내가 수집한 사령서 202점 중에서 가장 오래된 것은 1523년[가정(嘉靖) 2년]이고, 가장 최근의 것은 1874년[동치(同治) 13년]으로 양자의 사이에는 350여 년의 시간차가 있다. 1523년 사령서가 작성될 때의 국왕은 제2장에서 소개한 쇼신왕(재위 1477~1526)으로 류큐 왕국의 절정기를 만들어 낸 왕이었다. 1874년 사령서가 작성될 때의 국왕은 최후의 국왕이 된 쇼타이(재위 1848~1879)이다. 가장 최근의 사령서로부터 헤아려서 5년 후인 1879년(메이지 12년)에는 류큐 처분(오키나와현 설치)에 의해 왕국이 붕괴했다.

그래서 장기간에 걸쳐 작성된 202점의 사령서를 '류큐 사령서'라고 총칭하고, 이것을 연대순으로 나열한 다음 기술형식과 그 변천을 자세히 또 총괄적으로 검토해 보기로 했다. 그 결과 류큐 사령서는 기술형식 면에서 3가지 유형으로 구별할 수 있음이 분명해졌다.

제1유형은 A사령서처럼 전체에 히라가나로 쓰여졌으며, 게다가 예외 없이 "쇼리로부터 마카토에게 내린다"와 같은 지시 문구를 가진 것. 제2유형은 B사령서처럼 "쇼리로부터 마카토에게 내린다"가 빠진 것으로, 전체적인 경향으로서는 시대가 내려감에 따라 히라가나 표기로부터 한자 표기로 변화하는 것. 제3유형은 전문이 한자로 쓰여진 것이다.

주목되는 것은 이 3가지 유형이 시간 축과 완전히 병행한다는 것이었다. 제1의 유형이 최초에 등장했고, 1609년의 시마즈 침입 사건 이후는 제2의 유형이, 1667년 이후는 제3의 유형이 사용되어 류큐 처분에 의한 왕국의 붕괴까지 계속되었다. 결국 사령서의 3가지 유형은 계기적으로 변해 가서 각각의 단계를 시계열로 표현했던 것이었다. 그래서 이 3가지 유형을 각각 '고류큐 사령서', '과도기 사령서', '근세 류큐 사령서'라고 명명했다. 따라서 만약 연호 부분이 결락된 사령서가 새로 발견되었을 경우, 그 기재 형식을 관찰하면 어느 유형에 속하는 사령서인지를 쉽게 판단할 수 있다.

시마즈 침입 사건을 계기로 왜 고류큐 사령서로부터 과도기 사령서로 바뀌었는지는 생각해야 할 문제가 많지만, 1667년을 계기로 근세 류큐 사령서가 등장한 이유는 알 수 있다. 근세 류큐에서 왕국의 재건에 노력한 정치가 쇼쇼켄[向象賢: 하네지 조슈(羽地朝秀)]에 의한 근본적인 행정 개혁 속에서 그때까지의 제도에 대폭적인 개정이 더해진 결과 사령서를 발급하는 직책의 범위가 현저히 한정되었기 때문이다.

이러한 작업을 통해 사령서가 류큐 왕국의 변천과 깊이 관련 있을 것이라는 것, 바꾸어 말하면 왕국의 변화를 사령서가 반영하고 있을 것임을 알 수 있었다. 그리고 또 사령서를 통해 아시아의 바다에서 활약했던 시대의 류큐 왕국의 왕부제도를 탐구할 경우, 그 구체적인 소재로서는 고류큐 사령서가 대상이 될 수 있다는 전망을 얻을 수 있었다. 다만 사령서가 등장하는 것은 쇼신왕 시대부터로서 그 이전의 삼산 시대나 제1쇼씨 왕조 때까지는 거슬러 올라가지 않는다. 따라서 고류큐 사령서는 고류큐의 시간 전체를 포괄하는 것이 아니라는 사료적 한계가 있음을 주의하기 바란다.

현시점에서 확인된 류큐 사령서 가운데 고류큐 사령서 58점, 과도기 사령서 35점, 근세 류큐 사령서 109점으로, 고류큐 사령서는 전체의 약 29%에 불과하다. 이미 400여 년의 세월이 흘렀기 때문에 고류큐 사령서는 한정된 수량밖에 남아 있지 않은 것이다.

또 고류큐 사령서 58점을 수령한 인물이 속한 지역별로 보면 아마미 지역 26점, 오키나와 지역(오키나와 본도와 그 주변의 외딴섬) 31점, 사키시마 지역(미야코와 야에야마의 총칭) 1점이다. 같은 리스트를 과도기 사령서에 대해 정리하면 오키나와 29점, 사키시마 6점이며, 근세 류큐 사령서에 대해서는 오키나와 86점, 사키시마 23점이다. 결국 고류큐 사령서 이외의 시기는 아마미 지역에 대해 사령서가 발급되지 않았다. 그 이유는 간단하다. 1609년 시마즈 침입 사건까지는 아마미 지역도 류큐 왕국의 판도에 포함되어 있었지만, 사건 후에 할양되어 사쓰마 번의 직할령이 되었기 때문이다.

사령서의 분포 범위는 그대로 류큐 왕국의 판도를 표현하고 있는 것이 분명하다. 따라서 고류큐 사령서를 검토할 때에는 아마미 지역도 포함한, 본래의 의미에서의 류큐(아마미, 오키나와, 사키시마의 세 지역의 총칭이 엄밀한 의미에서의 '류큐'의 지역 개념이다)를 연구대상으로 해야 한다.

세습제를 배제

사령서는 세습제를 배제하는 논리로 성립되어 있다. 이제까지 영업본부장이었던 스즈키 씨가 이동할 경우 그 후임에 스즈키 씨 장남의 취임이 자동적으로 결정되는 것이라면 사령서를 일부러 작성할 필요는 없다.

A사령서로 이제까지 구시카와 노로의 직에 있던 여성이 죽거나 병들게 되어 물러났을 때 그 직을 계승한 딸 마카토는 자동적으로 그 직을 계승해야 할 존재라고 생각되었을 리 없다. 구시카와 노로 직은 적임자가 있다면 딸인 마카토 이외에도 취임의 기회가 있는 지위였다. 실제로는 어머니로부터 딸에게 인수인계되었다고 하더라도, 마카토는 국왕명의 사령서를 받음으로써 비로소 구시카와 노로에 취임할 수 있었던 것이다. 좀 더 명확히 하기 위해 다시 한 번 확인하면 마카토가 노로가 된 것은 그녀가 선대 노로의 딸이었기 때문이 아니라 국왕 이름의 사령서를 통하여 임용된 결과인 것이다.

그러나 현존하는 노로관계의 사령서를 보면 실제 노로직은 어머니로부터 딸로, 할머니로부터 손녀로, 언니에서 동생으로, 숙모에서부터 조카딸로 계승된 것처럼 3촌의 범위에 한정되어 있다. 노로에 취임할 수 있는 어떤 종류의 혈연 집단 같은 것이 존재했을 것이다.

노로는 각 지역에서 공동체의 제사를 담당하는 공적 신관, 신녀였다. 특히 국가적인 수준의 농경의례를 지역 주민을 지휘하여 거행하는 중요한 임무를 띠고 있었다. 그녀의 지위가 공직이었음은 사령서를 통하여 임명된 것, 또 A사령서에서 마카토가 수입원으로 밭을 하사받는 것에서 잘 상징되고 있다. 노로가 죽거나 혹은 병들어 물러나면, 지역 주민들은 후계자로서 누가 적합한지에 대한 일종의 탄원서를 슈리 왕부에 제출한다. 그러면 왕부는 국왕 이름의 사령서를 작성하여 추천된 여성을 새로운 노로에 임명하는 수속을 밟았다.

여기서 중요한 점은 새로운 노로는 딸인 마카토가 좋다는 지역 주민의 의향을 존중했다 해도 그 임용에 대해서는 슈리 왕부가 결정권을 갖고 있었던 것이다. 지역 공동체의 총의를 수용하면서도 그것을 왕부의 논리로 인정할 필요가 있으며, 그 명확한 의사 표시로서 사령서가 등장한다. 노로 직을 '우슈인가나시(御朱印加那志)'(가나시는 접미 미칭)라고 부르는 지역이 있는데, '우슈인'이란 것은 사령서에 찍힌 '수리지인(首里之印)'으로 변하여 사령서의 별칭으로 사용된 용어이다. '사령서님'이라는 의미가 된 이 용법 속에 공동체를 넘어 발동되는 국왕의 권위가 상징되고 있다.

그렇다면 어머니로부터 딸로, 할머니로부터 손녀로, 언니에서 동생으로, 숙모에서부터 조카딸로의 형태로 노로직이 인수인계될 경우에 세습제를 배제하고 항상 사령서가 발급되었다는 것은 노로직의 임용 건수에 대응하는 수의 사령서가 일찍이 존재했음을 의미한다. 『유구국유래기』(1713)[3]에 따르면 18세기 초 오키나와 지역(오키나와 본도와 그 주변의 외딴섬)에는 적어도 200명 이상의 노로가 있었다. 이 숫자를 기초로 계산하면, 예컨대 16세기의 100년간에 한정하고 평균 재직 기간을 30년으로 하면 660점 이상의 사령서가 발급되었다는 계산이 나온다.

방대했을 발급 건수

그러나 현존하는 고류큐 사령서 가운데 노로관계 사령서는 겨우 8점에 불과하여 빙산의 일각도 되지 않는다. 마카토의 어머니가 받은 사령서는 남아 있지 않지만, 딸의 것이 남아 있었던 것은 행운이라고 하지 않을 수 없다.

위와 같은 인식은 노로 같은 여성 신관에 한정된 말이 아니라 남성 관인에게도 그대로 적용된다. 다음의 사령서를 보기 바란다.

[C 우슈쿠 오야코직 서임사령서(宇宿大屋子職敍任辭令書, 1529)]

쇼리의 조(詔)

---

3) 1713년 류큐 왕부가 편찬한 지지(地誌)로서 모두 21권이다. 왕성(王城)의 공식 행사나 관직제도에서부터 각 지역의 우타키(御嶽)나 제사에 이르기까지 류큐 사회와 문화에 대한 다양한 내용을 수록했으며, 『오모로사우시』와 함께 오키나와학 연구의 필수 자료이다.

인 가사리 마기리의

　　우스쿠의 오야코는

　　전임 쇼리의 오야코의 자식

　　한 사람 지야쿠모이에게

인 내려주노라

[쇼리로부터 지야쿠모이에게 내린다]

가정 8년 12월 29일

　아마미오시마(庵美大島) 안에 가사리(笠利) 마기리가 있고 그 마기리에 우슈쿠(宇宿)라 불리는 시마가 있었다. 그 시마를 중심으로 지방행정에 관여하는 관리를 우슈쿠 오야코라 불렀다. 지야쿠모이라는 남성의 부친은 슈리 오야코(역시 지방 관리)였지만, 지금은 퇴직했을 것이다(사령서의 문면에 '전임 쇼리의 오야코'라고 쓰여 있기 때문이다). 지야쿠모이는 이번에 경사스럽게 우슈쿠 오야코의 직에 취임했던 것이다. 지야쿠모이의 부친도 슈리 오야코에 취임했을 때에는 당연히 사령서를 받았을 것이다. 아들의 것은 남아 있지만, 아버지 것은 이미 사라졌던 것이다.

　류큐 왕국에서 공직에 취임하는 자는 여성이든 남성이든 모두 사령서에 의한 임용 형식을 취하고 있었다. 따라서 일찍이 존재했던 사령서의 수는 전체 공직의 임용 건수와 일치했을 것이라고 상정하는 것이 가능하다.

　그뿐만이 아니다. 오늘날도 그런 것처럼 월급쟁이에게는 인사이

동이란 제도가 있다. 류큐 왕국도 그 예외가 아님을 다음의 사령서
가 보여 주고 있다.

　　[D 나가라 오키테직 서임사령서(名邑捉職敍任辭令書, 1556년)]
　　　쇼리의 조(詔)
　　　인 야케우치 마기리의
　　　　나가라의 오키테는
　　　　한 사람 나온의 오키테로
　　　인 [전임토록] 하노라
　　　쇼리로부터 나온의 오키테에게 내린다
　　　가정 8년 12월 29일

　이제까지 아마미오시마의 야키우치(燒內) 마기리의 나가라 오키
테(名柄捉)의 직에 있던 인물이 이때 같은 마기리 안의 나온 오키테
(名邑捉)의 직으로 이동하게 되었던 것이다. 이러한 이동을 전하는
사령서는 사례가 많으며, 동격의 지위로의 이동 혹은 상급 직책으
로의 승임의 경우가 알려져 있다.
　이동 때마다 사령서가 발급되었을 것이기 때문에 일찍이 존재했
던 사령서의 수는 임용 건수와 이동 건수를 합한 것이라고 규정할
수 있다. 아마도 그 방대한 수는 류큐 왕국을 '사령서 왕국'이라고
부르기에 족하게 했을 것이다.

제5장 '왕국'의 제도를 탐구하다

1. 다양한 관인들

엘리트층=왕족과 중앙관인

이전의 '사령서 왕국'으로부터 그 상황을 전하는 58점의 고류큐 사령서가 메신저로서 보내졌다고 하면, 우리는 그 문면에 기재되어 있는 정보를 단서로 류큐 왕국의 내부 사정을 구체적으로 탐구하지 않으면 안 된다. 근세에 만들어진 정사(正史), 유래기(由來記)류나 비문 등 각종 사료의 도움을 받으면서 사령서를 통하여 떠오른 정경을 간추려 서술해 보고자 한다. 사령서로부터는 우선 당시 존재했던 직책과 지위의 명칭을 알 수 있다. 그것은 어떤 것이며 어떤 체계였을까?

앞에서 서술한 대로 왕국의 내부 조직에서 정점에 있는 국왕은 각 직책에 관인과 신녀를 임용할 때의 임명권자였다. 국왕은 '오요노누시(大世主)', '요노누시(世主)', '우슈가나시(御主加那志)', '데다', '쇼리' 등으로 불렸음을 알 수 있다. 류큐에서 판도 전역을 가리켜서 요(世)라고 파악했기 때문에 그 통치자라는 의미로 '오요노누시' '요노누시'가 국왕의 별칭이 되었다. '우슈가나시'는 가나시가 접미 미칭이기 때문에 의미는 설명할 것도 없다. '데다'는 태양을 의미한다. 국왕이 지상의 태양으로서 신가(神歌)에 칭송되는 예에서 볼 수 있는 것처럼 위대한 왕은 태양으로서 형상화되어 있다. '쇼리'는 슈리, 말할 것도 없이 왕도(王都) 이름이며 또 왕국 슈리성의 대명사로서, 변하여 국왕의 별칭이 되었다. 다만 국왕은 임명권자(발급자)이고 세습적 지위이기 때문에 사령서의 발급 대상이 되지 않는 것은 당연하다. 사령서에서는 발급자로서만 나타나며, 거기에서는 예외 없이 '쇼리'로 표기된다.

왕족이라 불려야 할 신분은 어떻게 나타나고 있었을까? 비문 등에 따르면 국왕의 후(后)·부인, 왕자·왕녀, 형제·자매, 친족 등의 주요 면면은 '아지'라는 직함을 가졌던 것 같다. 예컨대 쇼신왕의 경우, 어머니는 요소에우도운(世添御殿)의 대아지, 딸은 사스카사(佐司笠)의 아지, 다섯 명의 아들은 나카구스쿠(中城) 아지, 나키진(今歸仁) 아지, 고에쿠(越來) 아지, 긴(金武) 아지, 도미구스쿠(豊見城) 아지라고 불리고 있었다[옥어전(玉御殿)의 비문, 1501년]. 15세기까지 아지는 각지의 구스쿠(성)를 거점으로 한 수장층으로서 강한 토착성을 띤 존재였지만, 쇼신왕의 슈리 집거책에 의해 슈리에 모인 결과 아지의 명칭은 왕족 엘리트층의 직함으로 바뀌어 버렸던 것이다.

'안지베' '아지베(按司部)'란 말이 있다. '베'는 계층을 의미한다. 결국 왕족 엘리트층의 직함인 아지를 자칭하는 계층을 가리킨다. 또 왕자·왕녀를 총칭하는 말로 '오모이구와베'가 있다. '오모이'는 접두 미칭, '구와'는 자식을 의미한다. 이들의 용어가 정착된 것을 보면 왕족은 각별한 존재라는 의식이 형성되어 있다는 것, 게다가 그 의식이 제도화되었다는 것을 알 수 있다.

국왕을 섬기는 관인들에는 중앙관인과 지방관인의 구별이 있었다. 중앙관인이란 왕국의 거점 중추 구역인 정치도시로서의 슈리, 또 무역·상업도시로서의 나하에 거주하는 엘리트 관인이다. 특히 슈리성을 중심으로 형성된 왕도 슈리는 '슈리오야구니(首里親國)' [오야(親)는 구니(國)의 접두 미칭]이라고도 부르며, 왕국의 중추 도시의 역할을 담당하고 있다.

중앙관인들은 사령서 속에서 '오야코모이(大屋子もい)'라고 불리고 있다 ['오야코(大屋子)'의 어원은 안타깝게도 불분명하다. '모이'는 접미 미칭. 구체적으로는 영유하는 마기리나 시마의 이름을 붙여 불렀는데, 예를 들면 우라소에 마기리를 영유하는 사람이라면 '우라소에의 오야코모이', 우라소에 마기리 속의 구스쿠마(城間)의 시마를 영유하는 존재라면 '구스쿠마의 오야코모이'라고 칭했다. '오야코모이'는 후에 '친운상(親雲上)'이란 글자로 대체되었으며, 웬일인

지 페친이라고 발음하게 되었다.[1]

'오야코모이' 신분 중에는 '요아스타베'[한자어로는 '삼사관(三司官)'[2]]라고 불리는 고관에 취임하는 자도 있다. '요(世)'는 왕국을 가리키는 '오요노누시' '요노누시'와 같은 용법이며, '아스'는 장로의 의미, '타'는 복수형이고 '베'는 계층을 의미하기 때문에 '류큐 사회의 장로급 사람들'이란 뜻이 된다. 삼인제(三人制)의 직책으로 국왕을 보좌하는 대신급의 직책이었다. '오야코모이'급 가운데는 또 임시 행정직에 취임하는 자도 있는데, 예컨대 '소부교(總奉行)' '이시부교(石奉行)' 등의 직책명을 가진 자가 있었다. 하지만 현시점에서는 '요아스타베'나 각 부교의 이름은 비문에만 보이고, 고류큐 사령서에는 전혀 등장하지 않는다.

요컨대 슈리와 나하에 거주하며 국왕을 보좌하는 엘리트 관료층이 형성되어 있었다.

---

1) 류큐의 사족은 일반적으로 페친이라고 부르지만, 그중에서도 채지(采地)를 받은 사람, 즉 지토(地頭)직에 있는 자는 페쿠미라고 발음하여 구별했다. 옛날에는 '오야코모이'라고 부르며, 직책에 임명된 자를 가리키게 되었다. '모이'라는 것은 일종의 경칭(敬稱)이다. 그러므로 '페쿠미'라는 것은 '오야코모이'에 상당한다고 한다. 페쿠미도 세습되지 않으며 업적에 따라 오르고 내렸는데, 공적에 따라서는 웨카타(親方)로 승격했다. 또 채지가 아니라 명도(名島: 채지의 명목)만을 받을 경우 페친이라고 칭했다. 황관(黃冠)을 쓰고 은잠(銀簪)을 착용했다.

2) 실질적인 행정의 최고 책임자로 재상에 해당한다. 삼인제로 투표에 의해 웨카타(親方) 중에서 뽑았다. 선거권을 가진 자는 왕족, 상급 사족 등 200여 명이었다. 왕족에게는 선거권은 있지만, 피선거권은 없었다. 삼사관의 품계는 정일품에서부터 종이품으로 사족이 승진할 수 있는 최고 위계였다.

지방제도＝마기리(間切)·시마제도

지방이라는 것은 슈리와 나하를 뺀 왕국의 판도 전역을 말한다. 지방의 관인에는 다양한 명칭이 알려져 있지만, 그 관원 조직의 전제가 된 것이 마기리·시마제도라고 불러야 할 지방행정제도였다.

시마라는 것은 하나 혹은 복수의 자연 촌락을 묶은 행정 단위이며, 근세의 무라(村), 근대의 아자(字)의 전신이다. 마기리라는 것은 몇 개의 시마를 묶어 성립된 광역적 행정 단위로 오늘날의 시·정·촌(市·町·村) 구획의 전신이다. 4장에서 소개한 헤나치의 사령서(A·B) 속에 등장했던 '미야키젠 마기리(今歸仁間切)'는 마기리 이름이고, '구시카와(具志川)'나 '자하나(謝花)'는 시마 이름이다. 또 아마미의 사령서(C·D)에 등장하는 '가사리 마기리(笠利間切)', '야케우치 마기리(燒內間切)'는 마기리 이름이며, '우슈쿠(宇宿)', '나가라(名柄)', '나온(名音)'은 시마 이름이다. 지방과 도서에는 마기리·시마가 다수 분포하여 있으며, 이러한 지방행정제도는 아마미, 오키나와, 사키시마의 모든 지역에 설치되어 있다. 이 마기리·시마제도에 기초하여 지방 관원이 배치되어 있었던 것이다.

우선 마기리 행정을 담당하는 관인에는 슈리오야코라는 직책이 있었다. 4장에서 인용한 C의 사령서에서 우슈쿠 오야코에 취임한 지야쿠모이의 부친은 '전임 쇼리의 오야코'라고 기록되어 있기 때문에 그는 어떤 사정으로 슈리오야코직[이 경우는 가사리 슈리오야코직(笠利首里大屋子職)]에서 물러난 인물이었음을 알 수 있다. 마기리의 수에 맞추어 슈리오야코가 임명되었기 때문에 구별하기 위해

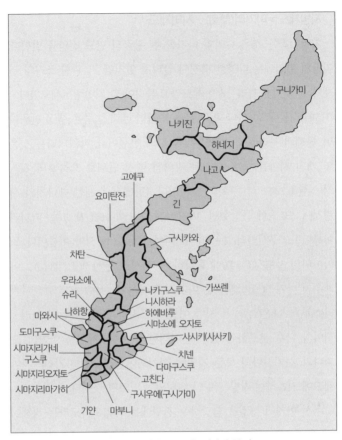

고류큐의 마기리 구분도(오키나와 본도)

『류큐국 고구장(琉球國高究帳)』을 기초로 작성한 개념도. 오키나와 본도는 27개 마기리에 특별행정구 슈리를 더하여 28개 광역 행정구로 구성되어 있다. 남부에서 마기리 구분이 조밀한 것이 특징이다.

마기리 이름을 앞에 두어 '나키진 슈리오야코', '가사리 슈리오야코', '야케우치 슈리오야코' 등으로 칭하고 있었다.

오오키테(大掟)라는 직도 있었는데, 이 직은 슈리오야코를 보좌하고 마기리 행정에 관여하는 직위였을 것이다.

마기리를 구성하는 각 시마에는 오야코, 요히토(與人: 후에 변하여 융츄라고 발음되었다), 오키테(掟), 메사시(目差) 등의 관인이 배치되었다. 모두 시마 이름을 앞에 붙여 'ㅇㅇ오야코'·'××요히토' 등으로 불렸으며, 행정의 말단 단위인 시마 행정을 책임지는 동시에 마기리 행정에도 간여했다. 4장에서 소개한 사령서 중에 등장한 '자하나 오키테', '우슈쿠 오야코', '나가라 오키테' 등이 이것에 해당된다.

이 가운데서 주목되는 것은 '오야코'로 아마 슈리오야코와 동격의 지위였을 것이다. 오야코가 시마 이름을 앞에 붙여 그 지위를 자칭하더라도 그 주된 업무가 마기리 행정에 관여하는 것이었으며, 게다가 고류큐 사령서가 오야코로부터 슈리오야코로 이동하는 사례와 동시에 슈리오야코로부터 오야코로 이동하는 사례를 전하고 있기 때문이다. "승격(昇格)·강격(降格)의 사례가 아닐까?"라는 의문이 바로 든다. 그러나 슈리오야코로부터 오야코로 라는 인사이동은 일상적으로 행해졌던 것 같아 결코 특별조치는 아니었다. 두 개의 직위 사이에서 보통 인사이동이 행해지고 있는 경우 사령서의 원리로 보아 두 직위는 동격이라고 결론지을 수 있다.

이상의 지방 관인들은 예외 없이 현지 엘리트층이 취임하는 직

위이고 슈리 왕부로부터 파견되어 현지에 주재하는 자들을 위해
설치된 직위는 아니었다. 결국 완전히 현지 인재 등용형의 제도였
던 것이다. 사령서가 대대로 그 집에 전승되었던 것으로부터 그것
을 확인할 수 있다.

다양한 지방관인

지방관인의 상황을 좀 더 자세히 살펴보면 각 직책의 배치에서
변화를 확인할 수 있다.

슈리오야코는 아마미, 오키나와, 사키시마 세 지역에 설치되어
있지만, 사키시마에서는 마기리의 수와 슈리오야코의 수가 일치하
지 않는 것이 매우 이상하다. 슈리오야코 위에 '오슈리오야코'라는
특별직이 존재했다. 이것은 근세에 가시라(頭)라고 불리는 지위로
사키시마를 직접 통치하는 왕부의 출장소 '구라모토(藏元)'의 최고
자리를 점하는 삼인제의 관인이었다.

오키테에 관해서는 사료가 적어 불분명하지만, 오키테는 아마미
와 오키나와에는 설치되었으나 사키시마에는 설치되지 않았다. 오
야코도 아마미와 오키나와에만 있고 사키시마에는 설치되지 않았
다. 슈리오야코와 동격이고 마기리 행정에도 관여했을 오야코가
없었던 것이 사키시마에 오슈리오야코라는 특별직을 만든 이유였
는지도 모른다. 요히토(與人, 用人)는 아마미와 사키시마에만 설치
되어 있다. 메사시 직은 아마미와 사키시마 그리고 오키나와 전역
에 존재했지만, 더 자세히 살펴보면 오키나와 지역의 경우는 오키

나와 본도의 북부 지방과 그 주변의 외딴섬에만 있고 본도의 중남부에는 설치되지 않았다.

이러한 제도의 차이는 인정하더라도 여기서 확인해 둘 것은 왕국 전체에 마기리·시마제도가 설치되고, 그것에 대응하는 지방 관인이 구석구석까지 배치되어 있었다는 것이다. 세습제가 배제되고 인사이동의 대상 직위가 된 이들 직책에 취임하는 자에 대해서만 국왕은 사령서를 발급했던 것이다.

이는 국왕과 지방 관인의 조직적 관계를 나타내는 사령서에 의해 비로소 국왕은 마기리·시마제도와 그 운영의 담당자인 지방 관인층을 장악하고 있었다고 할 수 있다. 따라서 사령서는 지방관인들의 지위를 보증하는 증명서인 동시에 관인들을 통제하는 '조종 줄' 같은 의미를 띠는 것이다.

신녀 조직은 어떻게 되어 있었는가

위와 같은 인식은 공적인 신관인 신녀직에도 적용할 수 있다. 하나 혹은 여러 시마의 제사를 담당하는 공적인 신녀가 노로였다. 노로제도는 아마미와 오키나와에는 설치되어 있었지만, 사키시마에는 없고 노로에 준하는 존재로서 쓰카사라 부르는 신녀가 있었다. 현재로서는 쓰카사도 사령서를 받는 공적인 존재였는지 어떤지 확인할 수 있는 사료는 없다. 하지만 노로의 상위에 있는 신관으로 '미야코의 오아모(大阿母)' '야에야마의 오아모'라 불리는 공적인 신녀는 존재했다.

제2장에서 말한 것처럼 오아모는 미야코·야에야마의 오아모 외에, 구메지마의 기미하에(君南風), 나키진의 아오리야에(阿應理屋惠), 이제나지마의 후다카야타(二カヤ田)의 아모, 나하의 오아모 등이 있으며, 아마미 지역에도 이 직이 있었다. 이들은 마기리를 넘어선 광역적인 존재이며, 그중에는 정기적으로 국왕을 알현할 수 있는 자격을 가진 자도 포함되어 있었다. 오아모들도 사령서에 의해 국왕의 이름으로 임명되고 있었다.

오아모와 노로는 모두 현지 여성이 취임하는 신관이었다. 지방 신녀인 오아모와 노로를 사령서에 의해 임용했다는 것은 신관이라고 해도 임명권자는 국왕이며 국왕은 그 임용 행위를 통해 왕국의 제사 운영에도 관여했던 상황을 보여 주고 있다. 결국 제사 지내는 자들의 지위를 인정해 줌으로써 이들을 국왕이 조직화했던 것이다.

여기서 고류큐에서 신녀 조직의 존재를 강조하고 국왕이 담당하는 정치에 비견할 정도로 제사가 큰 무게를 점하고 있었다고 하는 제정일치론에 대해 언급해 두고자 한다. 이 의론은 제2차 세계대전 이전부터 많은 연구자에 의해 제창되었으며, 제사가 정치 위에 있었다고 역설하는 연구자도 있었다. 그중에는 야마타이국(邪馬臺國)의 여왕 히미코(卑彌呼)와 남동생의 관계를 적용하려는 견해도 있다.[3] 하지만 류큐 왕국 내부에서 신녀가 큰 지위를 점하고 제사가

---

3) 『삼국지(三國志)·위지(魏志)』, 「동이전(東夷傳)·왜(倭)」 부분에 다음과 같이 기록되어 있다. "그 나라도 (본래는) 남자가 왕이 되어 7, 80년을 지냈는데, 왜국이 혼란하여 서로 공격하고 정벌하며 여러 해를 보냈다. 이에 다 같이 한 여자를 세워 왕으로 삼았으니, 이름

중요한 요소였음을 지적하는 한에서는 타당하지만, 국왕을 초월한 존재라는 등의 주장에 이르면 진실에서 벗어나 버릴 것이다. 기코에오키미(聞得大君) 이하의 신녀들은 사령서를 받는 존재이며, 임명 권자는 국왕임을 다시 한 번 확인해 두고자 한다.

보증된 수입원

사령서에 의해 행정 측면에서 지방관인을, 제사 측면에서 지방 신녀를 각각 조직화하고 이것을 왕국의 지방 경영을 위한 제도로 활용하고 있었다. 하지만 동시에 관인들은 사령서라는 한 장의 종잇조각만 받는 것이 아니었다. 4장에서 소개한 A사령서가 새로 구시카와 노로가 된 마카토에게 '50누키' 면적의 밭을 그 직에 부대하는 수입원으로서 주었던 것처럼 각각의 직책과 지위에 부수하는 토지를 국왕으로부터 받았다(단 현존하는 사령서를 보면 한 통의 사령서 속에 임명과 경제적 이익을 기록한 것은 오히려 예외이다. 아마도 세트로 된 다른 사령서가 발부되었을 것으로 생각된다).

그 사정은 중앙관인이나 지방관인도 마찬가지였다. 중앙관인인 '오야코모이'급이나 유력한 지방관인들(슈리오야코 · 오야코 등)이

은 비미호(卑彌呼)라고 했다. 귀신의 술책을 부려 능히 민중을 미혹시켰다. 나이가 들어 장성한 뒤에도 남편 없이 남동생의 보좌로 나라를 다스렸다. …비미호가 죽자 크게 묘지를 만들었으니, 지름이 100여 보이며, 순장한 노비가 100여 명이었다. 다시 남자 왕을 세우자 국중(國中: 나라 안의 제후들)이 불복하여 누차에 걸쳐 주살하니, 살해당한 자가 1,000여 명이었다. 다시 비미호 종실의 여자인 일여(壹與)를 세우니 13세에 왕이 되었다. 마침내 나라 안이 안정되었다."

받는 토지는 사토누시도코로(里主所)라고 하고, 시마를 관할하는 관리인 오키테 등이 받는 경지는 오키테 땅(掟地) 등으로 불렸다. 또 노로 등의 신녀에게 준 토지(논·밭)를 노로쿠모이 땅 혹은 노로 땅, 도노하라 땅(殿原地) 등이라고 했다. 요컨대 남녀를 불문하고 사령서에 의해 어떤 직책에 임명된 자들은 예외 없이 직책에 부대하는 수입원을 국왕이 보증했던 것이다.

논·밭 등의 토지만 사여한 것이 아니다. 직책의 고하에 따라 받는 경지에는 면적의 다과가 있어서 본인이나 그 가족의 노동만으로는 도저히 경작할 수 없는 경우도 많았다. 국왕은 이 때문에 관인과 신녀에게 일정 범위 내에서 그 일에만 종사하는 일꾼을 갖는 것이나 데마즈카이라고 하는 인민노동의 징발권을 인정하고 있다.

이러한 급여제도에 연동하는 형태로 그것을 지탱하는 다양한 여러 제도가 발달했던 것을 사령서는 보여 주고 있다. A사령서에서 마카토가 수입원으로 받은 노로쿠모이 땅에서 볼 수 있는 것처럼 밭은 누키라는 단위로 면적을 계산하고 있다. 이것에 대해 논은 가리야로 대표되는 면적 개념으로 표시되고, 인민 사역은 1노동일을 의미하는 스카마라는 단위로 계산되고 있다. 결국 신녀와 관인들의 급여 방식을 유지하는 독자적인 도량형이 왕국 내에 갖춰져 있었던 것이다.

신녀와 관인들에게 준 논·밭은 어디에 있는가라는, 그 장소를 명기하기 위해 하루나(原名)라 불리는 토지 소재 표시 방식도 사용되고 있었다. A사령서에서 마카토가 받은 밭은 50누키임을 보인

다음에, 이어서 '구시카와 하루' '니요하 바루' '하마가와 하루' '호키 하루'라고 주기한 부분이 하루나이다. 하루나라는 것은 류큐의 요(世＝판도)를 몇 개의 마기리로 분할하고, 또 마기리를 몇 개의 시마로 나눈 다음에 각 시마를 다시 세분한 지명으로, 주민생활에 밀착된 최소 단위의 토지 표시 방식이었다(이 제도는 현재 오키나와에서도 생생히 계속되고 있다). 이 때문에 슈리 왕부에는 판도 전역의 경지를 망라하여 기재한 토지대장과 같은 것이 존재했다고 추정되며, 아마도 이 대장에 의해 신녀와 관인들에게 준 경지를 하루나로 표시할 수 있었을 것이다.

신녀와 관인들의 토지를 뺀 일반 농민 소유의 논·밭을 마히토 땅(眞人地)이라고 했는데, 이 마히토 땅을 포함한 신녀·관인들이 가지고 있는 경지에 대해서는 미카나이라고 불리는 국왕에게 내야 하는 조세가 있었다. 미카나이의 부과 방법, 과세율, 징수 방법 등은 불분명하지만, 사령서를 보면 곡물 등의 현물을 내는 방식 이외에 지역 특산물을 공물의 형태로 헌납하는 것도 있었던 것 같다.

이렇게 사령서는 국왕을 섬기는 다양한 신녀·관인층의 존재를 전할 뿐만 아니라 그들의 소득 방법을 보여 주고, 아울러 국왕 아래에 모인 조세 수입의 일단을 알려주기도 하는 것이다.

2. 히키란 무엇인가

히키가 등장하는 사령서

여기서 각도를 바꾸어 류큐 왕국의 운영조직인 슈리 왕부의 실태를 살펴보겠다. 우선 다음의 사령서를 보기 바란다.

> [E 후사이토미가히키 게라에아쿠가베 센도직 서임사령서(相應富引
> 家來赤頭船頭職敍任辭令書, 1562년)]
>
> 쇼리의 [조(詔)]
>
> 인 후사이토미가히키의
>
> 게라에아쿠가베의
>
> 센도는
>
> 하에노고리의
>
> 한 사람 오미네의 오야코모이에게
>
> 인 내려주노라
>
> 쇼리로부터 오미네의 오야코모이에게 내린다
>
> 가정 41년 12월 5일

사령서의 유형에서 보면, 위의 문면은 "후사이토미가히키(相應富引)의 게라에아쿠가베(家來赤頭)의 센도(船頭)"라는 직에 '하에노고리'의 '오미네(大嶺)의 오야코모이'를 임명한다는 의미가 된다. '게라에아쿠카베'의 '게라에'는 유명하고 뛰어남을 의미하는 접두 미칭이고 '아쿠카'는 붉은 머리 계층을 가리킨다. 즉, 머리에 적색(홍색)의 하쿠(帕: 터번)를 쓰는 신분의 하급관리인 것이다. 제2장에서 말한 것처럼 하쿠의 색으로 신분의 상하를 정한 것은 쇼신왕 시대였다. '센도(船頭)'는 후에 '시도(勢頭)'로 표기되게 되었지만, 여기서는 어느 특정 조직의 장임을 말하고 있다. '오미네의 오야코모이'는 4장에서 서술한 것처럼 중앙관원의 하나이다.

이제까지 '하에노고리'에 속해 있던 '오미네의 오야코모이'가 이번에 '후사이토미가히키'의 관리들을 통솔하는 조직의 장으로 이동하게 되었다는 것이기 때문에 여기서의 키워드는 '후사이토미가히키'와 '하에노고리'일 것이다. 그래서 우선 '후사이토미가히키'라는 수수께끼 같은 문구부터 검토해 보고자 한다.

'후사이토미가히키'는 '후사이' '토미' 그리고 '히키'의 세 부분으로 분해할 수 있다. '후사이'는 '상응(相應)'이라고도 표기하는 류큐어의 미칭사(美稱辭)의 하나이며, '토미(富)'도 '토요미(鳴響み)'의 단축형으로 유명하고 뛰어남을 의미하는 미칭사이다. 그러면 '히키(引)'란 도대체 어떤 의미의 단어일까?

슈리성 경비대라고 기술한 문헌

히키란 무엇인가? 이 단어는 아마미, 오키나와, 사키시마 세 지역에 널리 분포되어 있으며, 친족 집단 혹은 제사 집단의 조직 원리에 관한 것으로서 특히 민속학, 인류학의 분야에서 주목해 왔다. 아마도 어의로서는 공통된 것이겠지만, 여기서 문제가 되는 것은 왕부

조직으로서의 히키이다.

류큐의 사물의 유래를 기록한 『유구국유래기』(1713년 편집)에 따르면, 히키라는 것은 간단히 말하면 슈리성의 경비대이다. 그리고 다음과 같이 기술하고 있다: 히키제도가 언제 시작되었는지는 모르지만, 고류큐에서는 12개의 히키가 있으며, 그 장관을 '시도(勢頭)', 차관을 '지쿠도웅(筑登之)'이라고 하며, 옛날에는 나름대로 높은 지위였다. 하지만 17세기 후반의 기구 개혁 때 3개의 히키가 삭제되어 9개 히키가 되고, '시도'와 '지쿠도웅'도 모두 격하되어 버렸다고 한다.

삭감된 후 현행의 9개 히키로서 『유구국유래기』가 기록한 내용을 정리하면 〈표 3〉과 같다. 히키 이름란에 9개의 히키가 있고, 모두 미칭사로 이름 지어졌으며, 그중에서 E의 사령서에 등장하는 후사이토미도 보인다. 인원 내역란에는 각 히키에 소속된 직책명이 쓰여 있다.

'우시노히반히키가시라(丑日番引頭)', '미노히반히키가시라(巳日番引頭)', '도리노히반히키가시라(酉日番引頭)'라고 쓰여 있는 것은 삼번제(三番制)라 불리는 근무제도에 관한 것이다. 이는 전체 군인을 우시(丑)·미(巳)·도리(酉) 세 그룹으로 나누고, 자신이 속하는 그룹이 근무해야 할 날[반비(番日)라고 한다] 업무에 종사한다고 하는 고류큐 이래 계속된 전통 제도였다. 〈표 3〉의 9개의 히키도 우시·미·도리 세 그룹으로 나뉘어 있으며, 그중에서 우시노히반(丑日番) 그룹의 필두[히키가시라(引頭)라고 한다]가 세이야리토미, 미노

〈표 3〉 히키의 명칭과 인원 내역

	히키명	인원 내역
우시노히반(丑日番)	세이야리토미(勢遺富)	우시노히반 히키가시라(丑日番頭)
		아자나(2명), 중문세도(1명), 중문(1명), 게라에 아쿠가베(家來赤頭, 11명) 상주자(1명)
	세다카토미(世高富)	아자나(3명), 중문(1명), 게라에 아쿠가베(10명), 상주자(1명)
	우키토요미(浮豊見)	아자나(3명), 중문(1명), 게라에 아쿠가베(10명), 시(時, 3명), 상주자(1명)
미노히반(巳日番)	자쿠니토미(謝國富)	미도히반 히키가시라(巳日番引頭)
		아자나(3명), 중문세도(勢頭, 1명), 중문(1명), 게라에 아쿠가베(10명)
	시마우치토미(島內富)	아자나(3명), 중문(1명), 게라에 아쿠가베(10명)
	오시아케토미(押明富)	아자나(3명), 중문(1명), 게라에 아쿠가베(9명), 상주자(3명), 시(時, 1명)
도리노히반(酉日番)	세지아라토미(勢治荒富)	도리노히반 히키가시라(酉日番引頭)
		아자나(4명), 중문세도(1명), 중문(2명), 게라에 아쿠가베(14명)
	후사이토미(相應富)	아자나(4명), 중문(2명), 게라에 아쿠가베(12명), 상주자(3명), 작사(作事, 2명)
	요모치토미(世持富)	아자나(10명), 중문(8명), 우추후(御轎夫, 38명)
비고	구모코토미(雲子富), 요쓰기토미(世次富), 아마에토미(安舞富)	

주) 『유구국유래기(琉球國由來記)』 권2에 근거하여 작성.

히반(巳日番) 그룹의 필두가 자쿠니토미, 도리노히반(酉日番) 그룹의 필두가 세지아라토미이다. 비고란에 있는 구모코토미, 요쓰기토미, 아마에토미는 17세기 후반에 삭감되었다는 3개의 히키지만, 안타깝게도 요쓰기토미 외에는 3번의 어디에 소속되어 있었는지 모른다. 그러나 기구 개혁 이전의 고류큐에는 우시·미·도리 각 그룹에 삭감된 히키가 하나씩 더해져 각각 4개의 히키가 소속되어 있었음을 상정할 수 있다(「고리 · 히키제도 개념도」 참조).

각 히키의 장관이 '시도', 차관이 '지쿠도웅'이며, 그 부하로서 인원 내역에 등장하는 직원들이 있었다. 이들의 직위는 매우 낮아서 슈리성의 경비를 담당하는 것이 주요 임무였다. 예컨대 아자나라는 것은 슈리성 외곽의 동서에 있던 망대의 경비 군인이었다.

사령서와의 간격

『유구국유래기』가 기록한 위의 지식을 기초로 E사령서의 히키 부분을 해석하면, "후사이토미 히키의 게라에아쿠가베의 센도(船頭, 勢頭)직에 임명한다"는 것이 되겠지만, 이 문구를 몇 번 반복해 읽어도 석연치 않다. 실태와 괴리된 것이 아닐까 하는 불안이 뇌리를 떠나지 않았다. 고류큐 사령서를 통하여 상정했던 이미지와 이 『유구국유래기』에 기술된 히키상과의 사이에 큰 간격이 가로놓여 있었기 때문이다.

고류큐 사령서를 보면, 아마미오시마의 관원이 자쿠니토미 히키 소속이며, 게다가 그는 사와(澤)라고 불리는 시마의 오키테직에 있다가 오야코로 출세했다. 또 다른 사령서를 보면 세이야리토미 히키에 소속된 인물이 중국에 도항하는 조공선의 스태프에 임명되어 실제로 해외로 출장가고 있다. 결국 『유구국유래기』가 전하는 슈리성 경비대로서의 히키 이미지와는 상당히 다른 것이다. 게다가 E사령서에서 볼 수 있는 것처럼 '오야코모이'급의 중앙관인이 히키의 장관에 취임하고 있을 정도이기 때문에 고류큐의 히키는 좀 다른

것이 아니면 안 된다. 히키의 장관이 왜 센도로 불렸는가 하는 의문
도 납득이 가지 않는다.

여기서 착안하고 싶은 것은 17세기 후반의 기구 개혁 때 히키의
수가 삭감되고 그 장관·차관의 지위도 격하되었다는 『유구국유
래기』의 기술이다. 그렇다면 『유구국유래기』가 전하는 18세기 초
히키의 실태는 삭감과 저하를 거친 후의 것이며, 그 이전 고류큐의
히키에 대해서는 다른 이미지를 준비해야 할 것이다.

무역선과 일치하는 것은 무엇인가

절대적인 사료 부족 속에서 히키 문제에 중대한 힌트를 얻은 것
은 역시 고류큐 사령서였다. 다음과 같은 사령서를 보기 바란다.

[F 도당선 요쓰기토미 센도직 서임사령서(渡唐船世次富船頭職敍任
辭令書, 1537년)]

쇼리의 조(詔)

㊞ 당(중국)에 건너가는

요쓰기토미 센[도는]

하에노고리[의]

한 사람 아메쿠의 오야[쿠모이에게]

㊞ 내려주노라

쇼리로부터 아메쿠의 오야쿠모이[에게 내린다]

가정 16년 8월 [20일]

당(중국)에 파견된 요쓰기토미(世次富)라는 무역선의 '센도(船頭)'직에 '하에노고리(南風の庫理)'에 속하는 '아메쿠의 오야코모이'를 임명한다는 의미이다. 무역선을 타고 중국으로 도항하는 인물이 국왕 이름의 사령서를 가지고 있었기 때문에 설명할 것도 없이 류큐의 해외무역이 국왕이 운영하는 국영무역임을 명확히 증명하는 사료라고 할 수 있을 것이다.

그것은 잠시 제쳐 두고 사령서의 문면을 찬찬히 살펴보는 것이 좋다. 중국으로 도항하는 선박의 이름이 요쓰기토미라고 부르고 있지만, 이 명칭은 〈표 3〉의 비고란 가운데 삭감된 3개의 히키 중의 하나와 똑같다. 또 요쓰기토미라는 이름의 무역선에 '센도'라는 직책이 있고, 그 직에 중앙관원급의 '아메쿠의 오야코모이'가 임명되었던 것이다. 히키 이름과 무역선 이름이 왜 같은가? 또 히키의 장관 이름과 무역선의 직책명은 왜 모두 '센도'라고 불렀는가? 더욱이 다른 사령서를 보면 동남아시아로 파견된 무역선이 세지아라토미라고 불리고 있으며, 그 배의 '지쿠도노(筑殿)'라는 직책에 마사부로테코구란 인물이 임명된 예도 있다. 세지아라토미는 〈표 3〉에서 우시노히반히키가시라(丑日番引頭)로 된 히키명과 같으며, '지쿠도노'는 '센도(船頭)'가 후세에 변하여 '시도(勢頭)'로 표기된 것과 마찬가지로 히키의 차관인 '지쿠도웅(筑登之)'의 옛 형태이다. 결국 선박명과 히키명이 일치할 뿐만 아니라 승선 직책명과 히키의 직책명도 완전히 같다.

어째서 이러한 일치가 일어났을까? 이것을 탐구하기 위해 다시 고류큐의 제사 가요를 모은 『오모로사우시』를 살펴보았다. 예컨대 『오모로사우시』 권3에 수록된 오모로의 1절에

> [앞 부분 생략]
> 또 요히키토미를 바다에 띄운다
>   세지아라토미를 바다에 띄운다
> 또 요쓰기토미를 바다에 띄운다
>   구모코토미를 바다에 띄운다
> 또 아마헤토미를 바다에 띄운다
>   오시아케토미를 바다에 띄운다
> [이하 생략]

라고 노래하는 항해의 안전을 기원하는 문구가 등장한다.

위의 오모로에 등장하는 '요히키토미'부터 '오시아케토미'까지 6개의 명칭은 모두 선박명이지만, 처음의 '요히키토미'를 빼고 모두가 〈표 3〉의 히키명에 있다. 또 『오모로사우시』 권13에는 정덕(正德) 12년(1517) 11월 25일에 세지아라토미라는 이름의 무역선이 동남아시아로 출범할 때 쇼신왕이 직접 불렀다고 하는 오모로가 게재되었으며, 여기서도 역시 세지아라토미는 의심할 여지없이 선박명이다.

지상의 무역선

해외무역을 위해 취항한 류큐의 대형 선박에는 적어도 세 유형의 명칭이 붙여져 있었다. 공무역제도 아래에서 선적 대조를 위해 사용된 감합(勘合)[4]에 따라, 예컨대 '공자호선(恭字號船)'·'영자호해선(永字號海船)' 등으로 부르는 경우가 있다. 두 번째는 순수한 선박명으로, 예컨대 '고시라마루(控之羅麻魯)'·'다카라마루' 등으로 불리는 경우가 있다. 세 번째 유형이 여기서 문제로 삼고 있는 요쓰기토미, 세지아라토미 등 류큐어의 미칭사로 불리는 것이었다. 앞의 두 개의 유형은 『역대보안』에 수록된 외교문서에도 명기되어 대외적으로 통용되는 명칭이지만, 미칭 유형은 사령서나 『오모로사우시』 등 류큐 안에서 사용된 사료에만 등장한다.

류큐에는 배에 관하여 매우 흥미로운 습속이 있었다. 예컨대 조선(造船)은 새가 둥지에서 알을 품어 새끼를 부화하고 새끼가 성장

---

4) 중국 명나라가 외국과 수교 무역 때 가짜 사절이나 밀무역을 막기 위해 나누어 준 문서의 하나이다. 홍무 16년(1383) 섬라·점성 등에 준 것이 그 시작이며, 그 후 50여 나라에 주고 있다. 일본 무로마치 막부에 준 영락의 감합부는 다음과 같다. '日本'의 두 자를 나누어 일자호(日字號) 감합 100도(통), 본자호(本字號) 감합 100도와 일자호감합저부, 본자호감합저부 각 2선(책) 합계 4선을 만들었다. 그 가운데 일자호감합 100도와 일자호감합저부 1선, 본자호감합저부 1선을 베이징 예부에 두고, 본자호감합저부 1선은 저장(浙江) 포정사(布政司)에 비치하고, 본자호감합부 100도와 일자호감합저부 1선을 막부에 주었다. 감합부와 저부는 일자(日字) 또는 본자(本字)와 호수(號數)가 할인(割印)되어 있기 때문에 일본에서 명나라로 가는 배마다 1도씩 감합부를 가지고 가서 우선 저장 포정사의 저부와 대조하고, 다시 베이징에 도착하면 예부의 저부 및 감합과 대조하여 진위를 확인했다. 일본으로 가는 명나라 사신의 배도 일자호 감합을 가지고 가서 막부에 있는 저부와 대조했다. 감합은 연호를 바꿀 때마다 옛 연호의 감합과 새 감합을 교환했다.

하여 마침내 둥지를 떠나는 것과 마찬가지라고 생각하여 조선소를 스라쇼(スラ所)라고 부르고 있다. 스라는 '스데루(すでる)', 즉 부화한다는 말에서 유래했다고 보는 견해가 유력하다. 스라쇼로부터 진수하는 것을 '스라사스(スラ卸す)'라고 하며, 바다에 뜬 배는 수리(鷲)나 새매(隼) 등의 맹금류의 이미지로 이해했다. 류큐의 무역선의 선단에 예외 없이 그려 놓은 큰 눈은 아마도 수리나 새매의 날카로운 눈을 나타낸 것이었을 것이다. 그리고 많은 신가(神歌)가 대양을 항해하는 배를 수리나 새매처럼 씩씩하고 용맹하길 바란다고 노래하고 있다.

선박에 붙인 미칭사는 아마도 진수식 장면에서 여신들에 의해 주어지는 것이라고 추정되며, 류큐 제사가 기원하는 세계와 관계 깊은 명칭이라고 생각된다. 『오모로사우시』에 등장한 배나 항해에 관한 신가가 그것을 가르쳐 주고 있는 것이다.

이렇게 이해한다면 요쓰기토미, 세지아라토미 등의 미칭사는 히키의 명칭이기 앞서 선박의 명칭이며, 또 '센도(船頭)', '지쿠도노(筑殿)'도 히키의 직책명이기에 앞서 무역선의 직책명이었다고 생각하지 않을 수 없다. 그것이 왜 지상 근무의 조직이어야 할 히키의 명칭이나 그 직책명으로 전용되었는가 하는 이 의문이 고류큐의 히키를 생각하는 논점이 될 것이다.

나는 다음과 같은 전망을 세웠다. 히키라는 것은 무역선의 항해 체제와 승무 조직을 모델로 만들어진 지상 근무 조직이며, '지상에 떠 있는 무역선' 체제가 아닐까? 이렇게 이해할 때 비로소 히키명과 무역선명의 일치, 히키의 직책명과 무역선의 승무직책명의 일치라는 불가사의한 사실을 설명할 수 있지 않겠는가?

다음에 서술하는 류큐 왕국의 군사 조직을 검토하면 나의 가설은 입증될 것으로 생각한다.

3. 군사방위체제와 고리 · 히키제도

비문이 보여 주는 군사조직

슈리성과 나하항은 왕국의 거점 중추이기 때문에 이 두 곳에 대해 어떤 형태의 방위 체제가 설정되었을 것이지만 안타깝게도 동시대의 기록은 몹시 적다. 겨우 비문이 단서가 될 정도이다.

쇼신왕 시대에 세워진 마다마미나토(眞珠湊)의 비문(1522년)[5]에 의하면, 그해에 슈리성과 도미구스쿠를 연결하는 도로를 정비하고 고쿠바 강에 마단교란 가교가 놓여졌다. 이 토목사업의 목적은 나하항 방위의 거점인 도미구스쿠에 군대를 신속히 전개하고, 또 선박과 나하 주민의 용수원으로서 불가결한 존재인 네다테히 강[根立樋川: 후에 우딘다라고 통칭되게 된 용천(湧泉)]에 수비군을 신속하게 배치하려 한 것이었다.

다음의 쇼세이왕 시대에 건립된 야라자모리 구스쿠의 비문(1554

---

5) 국왕 송덕비와 함께 1522년 건립되었으나 오키나와 전투로 파괴되었다가 2006년 복원되었다. 가나로 쓰인 대표적인 비문의 하나이며, 크기는 높이 약 2.5m, 폭 약 1.5m이다.

년)에는 외적이 공격해 올 때 슈리성 방위대, 나하시중 방위대, 그리고 나하항 남안의 가키노하나(垣花: 네다테히강이 있는 장소)·야라자모리구스쿠 방위대의 세 갈래로 나누어 행동해야 함이 기록되어 있다. 이 삼번(三番)으로 편성된 군, 구체적으로는 히키라고 상정되는 군에 더하여 군사 전개 때에 방위 라인에 투입되는 군대로서 오키나와 본도의 남부[시마지리(島尻)] 여러 마기리의 군이 소집되고 있다.

비문이 전하는 이 얼마 안 되는 기록으로부터 추측하면, 슈리·나하의 거점 중추지구에 삼번[앞에서 서술한 우시(丑)·미(巳)·도리(酉)의 삼번제]으로 편성된 상비군적 존재가 있었으며, 가까운 시마지리(島尻)에 일단 유사시에 동원될 예비군적 존재가 있었던 것을 알 수 있다. 그중 상비군적 존재는 아마도 히키이며, 군무의 특성으로 보아 예비군적 존재도 어떤 형태로든 히키와 관계를 갖고 있었다고 추정된다. 왜냐하면 앞에서 언급한 아마미의 사와(澤)의 오키테라는 관리도 자쿠니토미·히키에 소속되어 있었는데, 이로부터 관인을 포함한 지방 주민이 히키라는 조직을 통하여 왕부의 군사 동원체제에 편성되어 있었다고 추정되기 때문이다.

아시아 여러 나라 사이를 왕복한 류큐의 무역선은 항해 도중에 종종 해적선의 습격을 받는 일이 있었다. 무역선의 항해체제에는 당연한 것이지만, 이러한 비상사태에 대비하여 배를 지키는 인원의 배치가 필요했다. 선박의 항해체제를 모델로 조직되었다고 보이는 히키도 지상에서 밀어닥치는 침략자를 격퇴하기 위한 군사적 성격을 띠고 있었을 것이다.

　바다에서는 배를 안전하게 항해시키는 담당자가 되고, 육지에서는 정치·행정의 안정과 원활한 추진을 담당하는 조직, 그것이 고류큐의 히키제도였다고 추정된다. 『유구국유래기』에 기록된 근세의 히키는 방위와 경비라는 성격이 남아 있으면서도 전체적으로 그 역할이 저하되었던 것이었다.

'고리'란 무엇인가

　그러나 고류큐의 히키를 군사적 조직만으로는 모두 이해할 수 없다. 통상의 정치·행정 조직으로서의 일면을 가지고 있었을 것이다. 그것은 E사령서에 등장하는 '하에노고리'를 검토해 보면 알 수 있다. '하에'는 남풍(南風), '고리'는 후에 고리(庫理)로 표기되는 것이지만, 고류큐 사령서의 용례를 종합적으로 생각해 보면, 아무래도 하에의 고리는 슈리성 안에 설치되어 있던 행정기관의 하나였다고 생각된다.

　사령서에는 하에의 고리 이외에 니시(北)의 고리가 등장하고, 또 그 어디에도 없는 고리명을 기록한 사령서도 한 개의 사례지만 존재한다. 그러나 참으로 안타깝게도 가장 중요한 명칭 부분의 어느 문자인가가 빠져 있어 분명하지 않다. 그래서 이 명칭 불명의 고리를 임시로 X의 고리로 하면, 사령서에 등장하는 고리는 하에의 고리, 니시의 고리, 그리고 X의 고리 3개뿐이고, 그 이외의 명칭은 전혀 보이지 않는다. 이 3개의 고리는 슈리성 안에 있으며 고위 행정기관이었다고 추정된다.

고리 · 히키제도

주목되는 것은 고리에 소속된 관리의 대부분이 '오야코모이'급의 중앙관인이었다는 것이다. 또 그 중앙관인들이 히키의 장관인 센도(船頭, 勢頭)에 임명된 사례도 많다.

예컨대 E사령서를 받은 '오미네의 오야코모이'는 하에의 고리에 소속하고 있으며, 이 사령서를 통하여 후사이토미 · 히키의 게라에 아쿠가베의 센도직에 취임했다. 또 이 '오미네의 오야코모이'에 대해서는 E사령서를 받은 그 다음해(1563년), 같은 하에의 고리에 소속하면서 다시 세지아라토미 · 히키의 사토누시부(里主部) 게라에 아쿠가베의 센도직에 취임했음을 전하는 사령서도 남아 있다. 히키로부터 히키로 인사이동된 이 사례는 고리와 히키의 관계를 파악하는 중요한 단서가 된다. 같은 고리에 속한 채로 다른 히키로 인사이동이 된다는 것은 고리가 복수의 히키를 가진 것, 바꾸어 말하면 히키를 그 하부 조직으로 거느린 상위의 행정 조직이었음을 보여 주고 있다.

이 점에 착안하여 사령서를 다시 검토해 보면, 고리는 일찍이 고류큐 시대에 존재했던 12개의 히키를 그 지배 하에 가지며, 게다가 3개로 그룹화된 4개 히키의 정점에 위치한 것이 분명하다. 〈표 3〉에서 본 히키의 3그룹제, 즉 삼번제는 3개 고리에 대응하는 것이었다. 그리고 또 '요아스타베'라고 불리는 삼인제(삼사관)도 이 세 개의 고

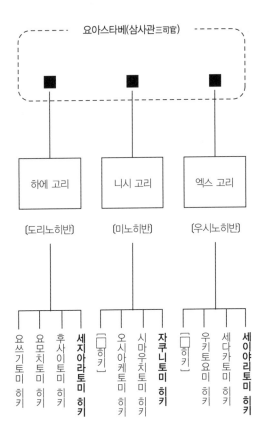

고리(庫理)·히키(引)제도 개념도

주) '□ 히키'란은 구코코토미 히키나 아마에토미 히키가 들어가야 하지만, 현재로서는 어느
것으로 분명히 정할 수 없다. 진한 글씨는 히키가시라이다.

리를 통괄하는 존재임을 희미하나마 알 수 있다.

　이상의 이해를 제시한 것이 왼쪽 페이지에 수록한 조직도이다. 나는 그 조직도에 '고리 · 히키제도'라는 이름을 붙였지만, 희미한 빛 속에 있는 고류큐의 슈리 왕부 조직에 관한 하나의 단면을 잡은 것 같은 느낌이다. 이 고리 · 히키제도를 통괄하는 최고의 존재가 말할 것도 없이 국왕이었다.

　사령서에 의해 고리 소속의 중앙관인이 되고 또 사령서를 통하여 히키의 장관이나 차관이 되었다고 하는 것은, 사령서의 일반적인 원리에 비추어 생각하면, 고리나 히키가 임직, 인사이동을 전제로 한 명확한 조직적인 존재였다는 것을 알려준다. 특히 군사적 조직으로서의 성격을 띠고 있는 '지상의 무역선'으로서의 히키의 형태는 아시아의 바다에서 활약하던 교역 국가, 류큐 왕국에 어울리는 특이한 조직이라고 할 수 있을 것이다.

　다만 오해가 없도록 미리 말해 둘 것은 조직도에 보이는 고리 · 히키제도가 류큐 왕국의 중추기관의 전체라고 주장하는 것은 아니다. '사령서 왕국'인 류큐의 모든 사령서가 만약 남아 있다고 하면, 실제의 슈리 왕부는 더 복잡한 조직을 가지고 더 다채로운 명칭의 부서와 직무를 포함하고 있었음이 분명해질 것이다. 그것을 거듭 인정하고 현존하는 58점의 사령서로부터 얻은 개략적인 이미지를 제시한 것에 불과하다.

　그런데 이제까지 고류큐 사령서를 검토해 왔지만, 마지막으로 하나 꼭 언급해야 할 문제가 있다. 그것은 사령서의 상징성이라고도 해야 할 문제이다.

사령서는 왜 히라가나로 쓰였을까? 고류큐에서 히라가나 표기를 가진 기록으로서는 그 밖에 『오모로사우시』나 비문, 거기에 엘리트 층의 석관(石棺)에 새겨진 명서(銘書) 등이 알려져 있지만, 방대한 발급 건수를 자랑하는 공적 문서인 사령서가 히라가나로 쓰여진 것의 의미는 크다. 아마도 그 최대의 이유는 히라가나가 표음문자이고, 표의문자인 한자로는 도저히 표현할 수 없는 것을 가능하게 하는 정보전달상의 편리한 '도구'였기 때문이라고 생각한다. 이것은 『오모로사우시』에 수록된 신가(神歌)를 아무리 애써도 한문으로는 도저히 표기할 수 없는 것을 상기하면 바로 알 수 있는 것이다.

그러나 그것만이 아니다. 이제까지 인용한 사령서를 보면 곧 알 수 있는 것처럼 사령서에 기술된 문서는 류큐어의 독특한 표현을 포함하는 등, 다소의 특징이 있지만 기본적으로는 중세 일본의 소로분(候文)[6]과 큰 차이가 없다. 견해에 따라서는 지방 사투리가 포함된 중세 일본문의 하나라고도 이해할 수 있다. 따라서 히라가나가 표음문자라는 '도구'적 편리함 이외에 '동문동종(同文同種)'이라

---

6) 일본어 가운데 중세부터 근대까지 사용된 문어 문체의 하나로 문장 끝에 공손함을 나타내는 조동사 '候(소로)'를 두는 것이 특징이다. '候'는 원래 귀인을 옆에서 시중든다는 뜻의 동사지만, 헤이안 시대에 '있다'의 겸양어, 나아가 공손함을 나타내는 보조동사 또는 조동사로 변했다. 헤이안 시대 말기에는 현대어의 '입니다'처럼 구어로 많이 쓰였다. 가마쿠라 시대에는 편지 등에 쓰는 문어 문체로 확립되었다. 무로마치 시대에는 요교쿠어[謠曲(能)語]의 문체로서 쓰였다. 이 시기에는 구어로서는 폐지되었지만, 문어로서는 더욱 보급되고 에도 시대에는 공문서 등에도 많이 쓰였다. 메이지 시대에도 편지글로 쓰였지만, 언문일치체의 보급과 고문 교육에 포함되지 않는 것 등의 이유로 폐지되었다.

는 야마토에 대한 깊은 친근감이 사령서의 문면에 감돌고 있다고 보아야 한다.

언어학자의 연구에 따르면, 쇼하시가 삼산을 통일하여 류큐 왕국을 성립시킨 때부터 슈리어라고 불러도 좋을 정치적 언어, 즉 류큐 왕국에서의 '중앙어'가 형성되기 시작했다. 섬마다, 지방마다 다채로운 지역 방언이 쓰이는 류큐에서 국왕의 명령을 판도 전역에 전하고 판도 전역으로부터 국왕에게 각종 보고를 하기 위해서는 좁은 지역사회에서만 통용되는 소방언을 넘는 '공통어'의 형성이 필요하게 되었다. 이 정치행정적인 필요에 따라 형성된 언어가 류큐 왕국의 '공통어', 즉 슈리어였던 것이다. 이 슈리어를 표현하는 것인 사령서가 기본적으로는 중세 일본어의 변형의 하나였다는 점을 주목해야 한다.

또 하나 주의할 것은 사령서의 발급 연월일에 예외 없이 중국 연호가 명기되어 있는 것이다. 1372년 삿토의 입공 이후, 류큐는 조공국으로서 중국 달력을 사용했다. 그것은 조공국의 준수 의무였기 때문이었다. 중국 연호 사용 의무의 원칙은 외교문서집인 『역대보안』뿐만 아니라 비문이나 석관의 명문, 『오모로사우시』, 게다가 사령서 등 모든 기록에 일관되어 있다. 따라서 사령서는 그 발급 연월일에 있어서 류큐 – 중국 관계의 실제를 상징적으로 보여 주는 문서가 된다.

문화의식의 기본 바탕으로서는 일본, 현실의 외교관계로서는 중국을 의식한다는 사령서의 기술 세계에 대해 마지막으로 강조하고자 하는 점은, 도대체 이 문서는 누구의 이름으로 작성되고 무엇을 위해 발급된 것인가 하는 문제이다. 말할 것도 없이 사령서는 일본의 이름으로 작성된 것이 아니며, 또 중국을 위해 발급된 것이 아니다. 발급자인 류큐 국왕이 류큐 왕국을 운영하기 위해 사용한 공적 문서였다. 사령서의 주체는 어디까지나 류큐 국왕이며, 국왕이 운영하는 류큐 왕국 그것이었다. 그 점에서 말하면 사령서의 문면에 나타나는 일본과의 문화의식의 기본 바탕, 중국과의 외교관계 등은 결국 부수적인 문제에 불과한 것이다.

이렇게 이해한다면 사령서라는 것은 류큐 왕국이 그 내부에 명확한 조직 편성을 갖고 있었음을 스스로 주장하는 존재인 동시에 그 자체가 류큐 왕국의 정체성을 과시하는 역할을 담당하고 있다고 할 것이다.

종장

1. 고류큐가 제기하는 것

막번체제 속의 이국(異國)

이상에서 전개한 서술에 의해 다음 사실이 대체로 분명해졌다고 생각한다.

일본 열도의 사회와 공통의 문화적 기반으로부터 출발했으면서도 류큐 제도의 사회가 서서히 독자적인 개성을 띄는 과정을 밟았고, 고류큐의 시대에는 일본 열도의 국가와 명확히 구별되는 독자적 왕국을 형성했던 것, 그 왕국이 아시아의 국제 사회와 교류하면서 역사를 형성해 왔다는 것, 그리고 왕국에는 국내를 통치하기 위한 여러 제도나 조직이 명료하게 존재했다는 것 등이다.

그리고 일본 본토의 남쪽에 출현한 이 왕국은 일본 국가 속에 단계적으로 편성되어 갔다. 그 제1단계는 시마즈 침입 사건(1609년)을 계기로 한 근세의 단계이다. 전체적으로 류큐 왕국은 근세 일본의 국가체제(막번제 국가)의 일환으로 편성되었고, 그 직접적인 관리자로서 사쓰마번이 존재했다. 예컨대 기독교 금지, 쇄국제, 석고제(石高制),[1] 병농분리라는 막번제 국가의 기본적인 원리는 사쓰마번을 매개로 류큐에도 도입되어 왕국의 존재 양식을 강하게 규정하고 있다. 요컨대 '막번제 하의 류큐'라는 새로운 성격이 근세를 거치면서 부여되었던 것이다.

하지만 류큐의 왕국체제는 온존된 채 중국 황제(명조의 멸망 후에는 청조)의 책봉을 받고 조공하는 관계도 존속했기 때문에 종래의 '왕국으로서의 류큐', '책봉체제 하의 류큐'라는 성격은 남아 있었다. 이 두 개의 성격을 농후하게 가지면서 '막번체제 하의 류큐'로서의 근세의 시간이 지나갔던 것이었다.

실질적으로 근세 일본의 국가체제 아래 편입된 종속적 존재이면서 다른 한편에서는 중국의 책봉체제 하에도 있는 왕국, 얼핏 보기

---

1) 다이코 검지 이후 시작되어 지조개정 때까지 계속된 제도로, 논밭이나 택지의 가치조차 면적에 공식생산량(石盛)을 곱하여 쌀의 생산력으로 환산하여 석(石) 단위로 표시하도록 했는데, 이것을 석고(石高)라고 하며, 이러한 제도를 석고제라고 한다. 1석이 대인 한 사람이 1년 먹는 쌀의 양이라고 하므로 병사들에게 주는 보수로서의 석고는 곧 병력이라고 할 수 있다. 농민들의 과세 기준이며, 다이묘나 하타모토의 수입과 무사의 봉록 액수의 표시 단위이기도 했다. 막부 말기 가장 큰 번인 가가번의 마에다가가 102만 5천 석, 2위 사쓰마번의 시마즈가가 77만 석, 10위 사가번이 36만 석이었다.

에 애매한 존재로 보이는 근세의 이 왕국을 가리켜서 이제까지 '일 지양속(日支兩屬)'이라고 표현하는 역사가가 많았다. 꼭 틀리다고 할 수는 없지만, 일본에 속하는 방식이 지배 – 피지배관계를 축으로 한 직접적인 것임에 대해 중국에 속하는 방식은 외교·무역을 매개로 하는 간접적인 것이었기 때문에 양자를 '양속'이라는 동일 수준으로 표현하는 것은 정확하다고 생각하지 않는다. 게다가 일본의 봉건국가에 종속되고 중국 황제의 책봉을 받았다고 해도 류큐의 토지와 인민을 직접적으로 통치한 것은 류큐 국왕이며 그 통치기관인 슈리 왕부였다. 그래서 이러한 다양한 사정을 고려하여 최근의 역사가는 근세 류큐의 기본적 성격을 '막번체제 속의 이국'이라고 표현하게 되었다.

제2단계는 1879년(메이지 12년)의 류큐 처분에 의해 왕국이 붕괴하고 '오키나와현'이 설치된 이후의 단계이다. 일본에서의 폐번치현(廢藩置縣: 1871년)[2]은 이제까지 다이묘가 지배해 왔던 각 번의 토지와 인민을 천황에게 돌려주는 '판적봉환(版籍奉還, 1869년)'[3]을 전제로 실시되었지만, 류큐 왕국의 경우는 천황으로부터 토지와

---

2) 메이지 정부가 1871년 7월 중앙집권화를 위해 전국의 번(藩)을 폐지하고 부(府)·현(縣)을 신설한 것을 말한다. 당시 3부 306현이 성립되었으나, 같은 해 현이 통폐합되면서 3부 72현이 되었다. 이로써 봉건적인 지방분권이 막을 내리고 지방행정의 중앙집권화가 이루어졌다.

3) 1867년 전국의 번주(藩主)가 그 토지(版)와 인민(籍)을 조정에 반환하고 새로이 번지사로 임명된 것으로, 번에 대한 정부의 통제력을 강화한 메이지 정부의 중앙집권화의 한 과정이다.

인민의 지배권을 받았던 것이 아니기 때문에 '판적'을 천황에게 '봉환'할 필요가 없었다. 따라서 오키나와현 설치에 대해 류큐 측이 완강히 반대했고, 또 류큐에 대한 종주권을 방패로 중국 측이 강하게 항의하는 상황 속에서 메이지 국가로서는 군대와 경찰관을 본토에서부터 동원하여 우격다짐으로 슈리성을 넘기도록 강요할 수밖에 없었다. 만약 근세의 270년간을 통하여 왕국이 완전히 일본의 '국내'적 존재로 편입되어 있었다면, 이러한 분규 사태는 일어나지 않았을 것이다. 오키나와현 설치를 둘러싸고 류큐 · 일본 · 중국 3자가 분쟁한 것은 근세의 류큐 왕국이 '막번체제 하'에 편성되었으면서도 다른 한편에서는 그것을 상대화할 정도의 '이국'으로서 존재해 왔다는 것에 원인이 있다고 할 수 있다.

왜 '일본'에 속하는가

이렇게 왕국체제 하에 있던 땅은 반이 근세 초두의 시마즈 침입 사건에 의해, 나머지 반이 근대 초의 류큐 처분에 의해 모두 강제적인 형태로 일본의 국가체제에 편입되고 그 결과로서 일본 사회의 일원이 된 지역이었다. 이 일본 사회에의 편성 방식을 근저에서 규정한 것이 그 이전의 고류큐에서 형성된 류큐 왕국이었던 것이다.

그러나 고류큐의 역사적 의의는 올바르게 평가되지 않고, 오히려 그 의의를 경시하고 위장하는 역사상이 1945년 이전부터 이야기되어 왔다. 예컨대 전설상 '고류큐 초대의 왕'으로 전해진 순텐

(舜天: 12세기의 인물)[4]이 미나모토노 다메토모(源爲朝, 1139~1177: 헤이안 말기의 무장)의 아들이라고 전하는 점을 근거로 류큐 국왕은 세이와 겐지(淸和源氏)[5] 계통에 속하는 자이므로, 일견 특이하게 보이는 그 역사적 과정도 결국은 일본사 아래 있는 것이라고 주장하는 역사가가 많았다. 또 류큐 역사의 독자성은 본질적으로 일본의 일개 지방사 틀 내에 있고, '중앙'으로부터 지리적으로 멀리 떨어진 '변경'에 입지했기 때문에 특이성이 두드러지게 나타났을 뿐이라고 주장하는 연구자도 있다. 더욱이 일본과 오키나와는 '동문동종(同文同種)'이며 태곳적부터 강한 친근감을 양자 사이에 공유하고 있었기 때문에 서로를 '외국'으로 생각하는 의식도 자라지 않았

---

4) 『중산세감』과 『중산세보』 등의 오키나와 역사서에 등장하는 왕(생몰: 1166?~1237?, 재위: 1187?~1237?). 이 책에 따르면 오키나와 본도에는 천제(天帝)의 사자로서 하계에 내려온 신 아마미키요의 아들에서 시작된 천손씨(天孫氏)라는 왕통이 25대 계속되었다. 그 후 신하에게 천손씨가 멸망되고 나라가 혼란에 빠지자 선정을 베풀어 천하를 통일시킨 사람이 우라소에의 아지 순덴이었다. 왕통은 3대 동안 계속되었으며, 1259년에 에이소(英祖)에게 왕위를 물려주었다고 한다. 순덴 왕통의 실재는 의문시되고 있으며, 비록 순덴이 실재 인물이라고 해도 그 영향 범위는 우라소에 근처의 좁은 범위이지 오키나와 전체를 통일하는 세력은 아닐 것이다. 또 이 기술은 중국의 천계사상과 일본 신화의 천손강림과 비슷한 요소가 많이 보이는 것도 후세의 창작이라는 설의 방증이 되고 있다. 또 순덴은 호겐의 난(1156)으로 일본에서 추방된 미나모토노 다메토모의 아들이라는 전설도 있다. 즉, 호겐의 난으로 다메토모는 이즈로 유형가게 되었지만, 그 도중에 배가 폭풍을 만나 오키나와에 표착하여 호족이 되었다는 것이다.

5) 세이와 천황의 황자를 조상으로 삼는 사성황족(賜姓皇族). 그 가운데 가와치 겐지(河內源氏)는 무가의 동량으로서의 지위를 공고히 하여 미나모토노 요리토모(源賴朝)의 대에 가마쿠라 막부를 열었다. 다이라씨 멸망 후, 호조씨와 도요토미 히데요시를 제외한 대부분의 영웅이 세이와 겐지를 칭했다.

다고 주장하는 연구자도 있다.

이러한 역사상은 전후의 미국 통치 시대에서의 일본 복귀운동 (일본 본토에서 보면 오키나와 반환 운동)의 와중에서도 극복된 것이 아니며, 오히려 애매한 형태로 받아들여지고 있었다고 해야 할 것이다. 일본은 본토(＝평화헌법체제)와 오키나와(미국 통치체제)로 '분단'되어 있으며, 하루빨리 이 '분단' 상태에 종지부를 찍고 평화헌법 하의 '조국'으로 복귀해야 하는 정치적 과제가 현안이었기 때문에 그 '조국'이란 것이 어떻게 형성된 것이고, '조국' 형성사에 오키나와는 어떤 관계가 있는가 하는 문제의식은 희박했다.

"왜 오키나와는 '일본'으로 돌아가는가?"라는 물음에 대해 "오키나와는 '오키나와'이기 때문"이라는 대답이 바로 되돌아왔다. "그러면 왜 '일본'인가?"라고 다시 물었을 때 오키나와가 일본에 속해야 할 증거 탐구가 시작되었지만 그때의 증거로서 예시된 것이 다메토모(爲朝) 전설이기도 하고, 일본의 '한 지방'론이기도 하고, 아니면 '동문동종'론이기도 했다. 이러한 애매한 역사상을 내포한 채로 1972년 5월 15일 어쨌든 오키나와는 '일본'에 복귀했다.[6]

---

6) 패전 후 미국에 통치권이 넘어간 도카라 열도(1952), 아마미 군도(1953), 오가사와라 제도(1968), 오키나와현(1972. 5. 15)이 일본에 복귀한 것. 이 섬들은 샌프란시스코 강화조약에서 국제연합과의 협약에 의해 미국의 신탁통치 하에 두고 미국의 행정·입법·사법의 전권을 행사하도록 규정했다. 미국은 '행정주석'을 행정의 장으로 하는 류큐 정부를 설치하고 공선 의원으로 구성된 입법기관 '입법원'을 설치하는 등 일정한 자치를 인정했지만, 최종적인 의사결정권은 미군의 통치기구인 류큐열도미국민정부가 장악했다. 한국전쟁, 타이완 해협 위기, 베트남 전쟁 등으로 극동에서의 군사적 긴장이 높아지자 미국은 오키나와를 전선기지로 삼고 각지에 기지와 시설을 증설했다. 그러나 미군 병사

각종 여론조사에 따르면 복귀는 했지만, 복귀한 해로부터 1977년까지의 5년간은 복귀해서 좋았다고 답한 오키나와 현민은 50% 정도밖에 되지 않았다. 그러나 현재는 대다수 현민이 복귀하여 좋았다고 답할 정도가 되었다. 현민의 대다수가 '일본' 복귀를 희망했고, 현민의 대다수가 결국 그 결과에 만족했다고 한다면 역사가는 이 현민의 여론을 배경으로 역사상을 재구성할 의무를 져야 한다. 오키나와가 현재 '일본'에 속하는 것을 전제로 하면서, 그러면 왜 '일본'에 속하는가, 속한다면 어떤 '일본'상을 목표로 할 것인가 하는 기본적인 명제를 역사가의 책무로서 떠맡아야 하는 것이다.

새로운 일본 역사상의 필요성

"고류큐의 연구는 일본사에서 '외국사' 연구이다"라고 나는 『류큐의 시대』에서 썼다. 지금도 이 인식에는 아무 변화가 없다. 이 지적을 읽은 몇 사람의 연구자로부터 "당신은 '류큐 독립' 논자인가?"라는 야유 섞인 비평을 받은 적이 있다.

'동종동문'의 주민이 거주하는 지역이지만, 고류큐 시기는 일본 열도의 중세 국가와는 명확히 구별되는 독립 왕국을 오키나와가 형성했다고 하는 점에서 확실히 나는 '고류큐 독립' 논자의 한 사

에 의한 사건·사고가 빈발하고 주민의 사망자와 희생자가 증가했으므로 주민들이 저항 운동을 일으켰으며, 1960년에는 '오키나와현 조국복귀협의회(복귀협)'를 결성하는 등 복 귀운동을 진행했다. 1969년 미·일 정상회담에서 오키나와 반환을 약속하고, 1971년 6월 17일 오키나와 반환 협정이 체결되어 1972년 복귀가 결정되었다.

람일 것이다. 다메토모 아들의 자손이 다스리는 일본사의 우산 아래에 있는 땅, '변경'이기 때문에 특이한 역사를 형성한 일본의 '한지방', 일본 열도에 친근감을 갖는 동시에 일본 열도를 '외국'이라고는 보지 않는 사람들이 사는 땅이라는 단조로운 역사상을 거부하는 입장에 서는 동시에, 그러한 논의는 역사 과정의 실태를 무시한 일종의 이데올로기에 불과하다고 생각하고 있다. 안타깝게도 지금까지 일본은 유사 이래 하나의 국가적 틀 아래에서 변화해 왔다고 하는 단일국가관이나, 태곳적부터 '일본 민족'은 하나의 '민족'으로서 변해 왔다고 하는 단일민족론 등이 풍미해 왔기 때문에 종래의 일본 역사상은 자신이 안고 있는 다양성을 경시하는 경향이 강했다. 고류큐의 의의를 평가할 수 없을 때에는 곧바로 "고류큐의 연구는 일본사에 있어서 '외국사'의 연구이다"라고 할 수밖에 없었다.

일찍이 이하 후유는 『고류큐의 정치』 속에서 류큐사의 과제는 "일본 민족의 한 갈래 민족이 다른 상황 아래서 어떻게 변화했는가?"를 검토하는 것이며, 또 고류큐라는 시간을 거쳐 '변종이 된 류큐인'이 그 후 일본이라는 '단체'에 참여해 가는 과정을 밝히는 것이라고 적확하게 지적했다. 이하의 표현을 빌리면, '일본 민족의 한 갈래 민족'인 것, 일본이란 '단체'의 구성원이란 것만을 강조하고 류큐인이 '변종'된 의의를 도외시하는 역사론이야말로 문제 삼아야 한다. 제1장에서 소개한 가와카미 하지메와 이하 후유가 품은 생각은 다양성을 서로 인정하는 입장을 일본 사회의 속성으로 삼아야 한다는 것이었다고 나는 생각한다.

고류큐를 포함한 류큐사의 개성을 충분히 받아들인 위에 새로운 일본 역사상을 그릴 필요가 있다. 기성의 일본 역사상에 류큐사를 무리하게 억지로 포함시켜 버리는 것이 아니라 류큐사를 포함시킴으로써 일본 역사상을 풍부하게 해야 한다. 류큐사는 새로운 일본 역사상의 존재 방식에 대해 적극적인 문제 제기를 해야 한다. 일본 사회는 태곳적부터 한 덩어리였던 것이 아니라 다양한 요소를 흡수하면서 역사적으로 형성되어 온 것이며, 지금도 또한 형성되고 있는 사회라고 하는 기본 인식을 오키나와 측으로부터 제시해야 한다. 과거로 거슬러 올라가면 고류큐(중세) 시기에는 류큐 왕국이라는 독자의 국가도 존재했으며, 그때의 일본은 적어도 두 개의 국가적 형태를 가지고 있었다고 하는 역사적 사실을 솔직하게 보여 주어야 한다. 류큐사 측에서 본다면 '류큐 왕국'을 포섭해 가는 과정 속에서 일본의 국가와 사회의 존재 형태가 역으로 규정되었던 것이야말로 중요하다. 왕국의 전통을 갖고 있었지만 그 때문에 '변종'이 된 지역이 그 후 일본이라는 '단체'에 포함되었기 때문에 일본 사회의 내용도, 일본 역사상의 틀도 확대되었던 것이다. 바꾸어 말하면 류큐·오키나와라는 별종을 구성원에 가입시킴으로써 일본 사회가 형성된 점을 역설해야 한다고 생각한다.

2. 자기를 회복하기 위하여

프로듀서로서의 역사가

류큐 왕국 연구를 하는 한편 나는 어쨌든 연구실을 나와 적극적으로 활동하고자 했다.

강연 요청을 받으면 시간이 허락하는 범위에서 각종 집회에 나가 류큐사 다시 보기나 왕국의 모습을 탐구하는 의의를 설명했다. 또 현지 신문에 적극적으로 투고하는 동시에 텔레비전이나 라디오에도 가능한 한 출연하여 류큐사를 새로운 관점에서 다시 바라볼 필요성을 호소했다. FM 방송에서 류큐사에 관한 대담 프로그램을 담당한 적도 있다. 류큐 역사상을 소수의 '동업자'를 위해 제공하는 것이 아니라 보다 많은 현민에게 알리는 의무가 오키나와의 역사가에게는 있다고 생각했기 때문일 뿐이다. '어둡고' '혹사당해 온 역사'상에 구속되어 현민이 비굴해져서는 안 되기 때문에 그러한 피해자적 역사상을 상대화하는 화제를 집중적으로 제공할 목적이었다. 동료와 함께 록페스티벌을 기획한 것도 같은 목적에서였다.

전후, 미군을 상대로 생계를 꾸려온 사람들 중에 록 뮤지션이 있었다. 특음가(特飮街)의 클럽이나 라이브 하우스 혹은 기지 속에서 미군을 상대로 연주해 온 그들(그 대부분이 미군과 오키나와 여성 사이에서 태어난 이른바 혼혈인)은 확실히 미국이나 영국식 록을 흉내 내어 잘 연주하게 되었다. 그러나 오키나와란 문화적 풍토를 무대로 음악 활동을 하고 있기 때문에 하드록을 주체로 하면서도 오키나와의 정취가 나는 음악성을 자기 몸에 지니고 있었다. 1970년대에 전국적으로 유명한 '무라사키(紫)' '컨디션그린', 80년대의 기얀(喜屋武) 마리가 이끄는 '메듀사' 등은 전후 오키나와의 록계가 낳은 스타 그룹이다. 록 뮤지션과 이야기하고 그들의 삶을 듣고 나서 이 음악은 틀림없는 미국 통치 시대의 소산이며, 하나의 창조적 성과가 아닐까 생각했다. 기지 건설을 위한 토지 징발이나 군인에 의한 수많은 범죄, 인권 억압 등 미국 통치 시대는 부정적 측면만 이야기되어 왔다. 사실이 그렇지만 그러나 우리들은 완전히 피해자의 입장에서만 신음한 것이 아니라 그 가혹한 시대 가운데서 어떤 창조적이거나 적극적인 것을 얻은 게 없었을까? 그 단면을 '오키나와의 록'에서 볼 수 있다고 느꼈다.

전후사에 대해서도 보다 적극적인 시점에서 다시 바라볼 필요가 있다. 그래서 '기지 거리'의 시 · 정 · 촌(市 · 町 · 村) 책임자를 설득하여 행정, 음악가, 자원봉사자가 일체가 되어 주최한 "Peaceful Love Rock Festival"이란 이름의 이벤트를 기획했다. 1984년에 시작한 이 이벤트는 이틀간에 걸쳐 현지의 20여 밴드가 출현하여 더운 여름의 오키나와를 장식하는 일대 콘서트가 되었다. 자신들의 신변에 전후 미국 통치 시대에 생긴 '문화'가 존재한다는 것을 확인하는 이벤트였다.

자신의 역사를 재인식하고 그것을 자신의 성과로 적극적으로 받아들이는 것, 그리고 이 주장을 보급시키기 위해서는 역사가도 '강력한' 활동가가 되어야 하며, 역사 재평가 운동의 프로듀서 역할을 할 필요가 있었던 것이다.

슈리성의 복원에 몰두하다

1985년 오키나와 전투로 소실된 슈리성을 국비로 복원하는 것이 결정된 이래 나는 복원의 역사 고증 분야를 담당하는 동시에 동료인 젊은 건축가들과 복원에 필요한 정보를 얻기 위해 정력적으로 자료 해석을 진행해 왔다. 아무튼 이 슈리성은 전쟁으로 완전히 사라졌고, 슈리성에 관한 자료도 모조리 흩어지고 잃어버린 상황 속에서 시작했다. 작업 개시 시점에서는 도대체 어디까지 복원할 수 있을지 솔직히 불안했지만, 어쨌거나 자료 수집을 철저히 하고 입수된 자료로부터 크고 작은 정보를 빼놓지 않고 모조리 끌어내는 수밖에 없었다.

궁하면 통한다고 예상 이상의 자료가 속속 모였다. 예컨대 쇼와(1926~1989) 초 슈리성 정전의 해체 수리를 했을 때의 도면이 문화청의 자료실에 있었다. 또 18세기 중기에 정전의 대규모 수리가 행해졌다는 사실은 알고 있었지만, 그때의 공사보고서에 해당하는 고문서가 오키나와현립예술대학의 가마쿠라 컬렉션에서 나왔다. 이런 귀중한 자료가 발견되었기 때문에 정전에 관해서는 상당한 자신감을 갖고 복원할 수 있었다. 그러나 북전(北殿), 남전(南殿), 번소(番所)를 비롯하여 봉신문(奉神門) 등에 대해서는 이러한 자료를 얻지 못했기 때문에 어쩔 수 없이 골격을 콘크리트로 세우고 1945년 이전의 사진에 기초하여 외면만을 옛날로 되돌리는 '외관 복원' 방법을 쓰지 않을 수 없었다.

　많은 관계자의 노력으로 복원공사 쪽도 순조롭게 진행되어 복원된 슈리성의 중심 부분은 1992년 11월부터 '슈리성 공원'으로 일반에게 공개되었다. 복원에 종사했던 7년간 나는 슈리성 복원에 몰두하며 나날을 보냈다. 전쟁으로 잃어버린 문화유산을 살아 있는 자가 책임지고 회복하겠다는 기개도 있었다. 또한 이때 슈리성에 대해 철저하게 공부해 보고 싶다는 개인적 동기도 있었다. 그러나 그런 것보다도 내가 수천 권의 책을 쓰고 수만 번 강연을 하여 류큐사의 존재 의의를 강조했다 해도 슈리성이 호소하는 힘에는 훨씬 못 미친다는 생각이 강했기 때문이다. 오키나와 전투에서 유형의 문화유산이 깡그리 잿더미로 변해 버렸기 때문에 이 땅에 독자적 역사가 존재했다는 것을 누구의 눈에도 명쾌히 설명할 만한 '형체'가 오키나와에는 없었다. 슈리성을 소생시킬 수 있다면, 한 사람의 역사가가 호소하는 것의 배경에 있는 이미지를 공유할 수 있을 것이다. 그런 생각을 품고 슈리성의 복원에 깊이 관여해 왔다.

　슈리성은 류큐 왕국의 거점이다. 국왕과 그 가족이 거주하는 왕궁이고 정치나 행정, 외교와 무역의 사령탑이기도 했다. 예능을 중심으로 한 류큐 왕국 문화가 탄생한 무대이며 기코에오키미(聞得大君)를 정점으로 한 상급 신녀들이 숭고한 의례를 거행하던 제사의 중핵이기도 했다. 결국 모든 의미에서 슈리성은 왕국의 상징적 존재였다. 이것을 복원함으로써 오키나와 땅에 독자적 왕국이 일찍이 존재했던 사실을 쉽게 알릴 수 있을 것이다.

반출된 왕조 문화유산

슈리성이 소생함으로써 왕국의 이미지가 구체화되는 동시에 그 결과로서 사실 많은 문화유산을 우리들이 잃었다는 사실도 또한 분명해졌다. 복원된 것은 건물뿐이고 각 시설 중에 일찍이 사용되던 다양한 문서나 도구류, 미술 공예품 등은 아직도 회복되지 않았기 때문이다.

1609년 봄에 슈리성을 점령한 사쓰마군은 열흘간에 걸쳐 성내의 보물을 약탈하여 전리품으로 가고시마로 가져갔다. 1879년(메이지 12년)에 왕국을 폐하고 오키나와현을 설치한 메이지 국가는 슈리성에 보관되어 있던 방대한 문서류를 접수하여 도쿄로 운반해 갔지만, 불행히도 그 문서는 관동대지진으로 소실되는 괴롭고 슬픈 사태를 만났다. 왕국의 붕괴에 의해 생활이 곤궁해진 슈리의 구 엘리트층은 자기 집에 전해 오는 가보를 몇 푼에 팔아 버려 그 유산은 본토 시장으로 흘러 나갔다. 또 오키나와 전투에 승리한 미군들은 소실을 면한 문화재를 대량으로 오키나와에서 반출해 갔다. 요컨대 격동의 역사에서 왕국 시대의 정수를 전하는 무수한 문화유산은 현 밖으로 유출되어 버렸던 것이다. 그 결과, 예컨대 류큐의 칠예 기술이 낳은 나전칠기의 최고봉은 오키나와에는 없고, 미국의 보스턴 미술관이 소장하고 있다. 왕조 문화의 유산을 그 계승자여야 할 현민 자신이 직접 볼 수 없다는 불행한 상태가 장기간 계속되어 왔던 것이다.

어디에 무엇이 있는가, 그 소재 조사는 근년에 겨우 시작했을 뿐이다. 외국의 박물관과 미술관이 소장하고 있는 류큐 왕국 문화유산을 빌려서 귀향전을 개최하는 시도도 시작일 뿐이며, 현존하는 왕조 문화의 전체상을 파악하기에는 앞으로 많은 시간이 걸릴 것이다. 그러나 중요한 점은 슈리성이 '형체'로서 소생함으로써 공유재산이어야 할 왕조 문화유산이 현민(縣民)의 옆에 없다는 현실을 느낀 것이다. 고통스러운 확인일지 모르지만 거기서부터 출발할 수밖에 없다.

류큐사 연구에 부과된 것

보기에 따라서는 류큐 왕국이 붕괴되고 겨우 1세기 남짓의 시간밖에 지나지 않았다고 할 수 있다. 그럼에도 불구하고 그 짧은 시간에 왕국의 존재 증거가 되는 유산의 대부분은 이미 소멸되거나 현외와 국외로 유출되어 버려 우리 주변에 남아 있는 것은 극히 일부에 불과하다. 설상가상으로 류큐 왕국의 존재의식조차도 단일국가론과 단일민족론에 의해 위장되거나 애매하게 그려져 왔다.

류큐 왕국론은 가슴을 펴고 당당히 자기 주장을 해야 한다. 그 경우 독선적이어서는 안 되며, 또 피해자적 시점에서 자신을 이야기하는 것도 피해야 한다. 류큐 왕국에 관한 역사상을 탐구하는 것은 류큐사 측의 문제에 그치지 않고 일본사나 동아시아사를 풍부하게 하는 작업과도 관련된다는 입장에서 씨름해야 한다.

이를 위해서는 류큐사 연구를 오키나와의 정체성 영역에만 가두어 버려서는 안 되며 일본 역사상이나 동아시아 역사상 재구성을 위한 보편적 표현으로까지 끊임없이 높여야 한다. 왜냐하면 류큐 왕국 문제를 축으로 한 류큐사가 그러한 가능성을 감추고 있기 때문이며, 동시에 또 강한 지역적 독자성을 띠면서 일본 사회의 일원이 된 오키나와야말로 그러한 보편적 표현을 제시할 책무가 주어졌다고 생각하기 때문이다.

| 참고문헌 |

[범례] 이 책의 서술을 보충한 단행본 가운데 기본적인 것으로 한정하며 사료
집에 속하는 것은 생략했다. 대상도 고류큐(중세) 중심의 시대로 한정했다.

秋山謙藏,『日支交渉史研究』, 岩波書店, 1939.

小葉田淳,『增補中世南島交通貿易史の研究』, 刀江書院, 1968(초판 1939).

伊波普猷,『古琉球の政治』(全集 第1卷), 平凡社, 1974(초판 1922).

田中健夫,『中世對外關係史』, 東京大學出版會, 1975.

東恩納寬惇,『黎明期の海外交通史』(全集 第3卷), 第一書房, 1979(초판
　　　　1941).

安良城盛昭,『新·沖繩史論』, 沖繩タイムス社, 1980.

田中健夫,『對外關係と文化交流』, 思文閣出版, 1982.

田中健夫,『倭寇 - 海の歷史』, 敎育社, 1982.

高良倉吉,『琉球王國の構造』, 吉川弘文館, 1987.

村井章介,『アジアのなかの中世日本』, 校倉書房, 1988.

岸野久,『西歐人の日本發見』, 吉川弘文館, 1989.

高良倉吉,『新版琉球の時代』, ひるぎ社, 1989(초판 1980).

高良倉吉,『琉球王國史の課題』, ひるぎ社, 1989.

紙屋敦之,『幕藩制國家の琉球支配』, 校倉書房, 1990.

安里進,『考古學からみた琉球史』上·下, ひるぎ社, 1990~1991.

琉球新報編,『新琉球史』古琉球編, 琉球新報社, 1991.

比嘉實,『古琉球の思想』, 沖繩タイムス社, 1991.

佐久間重男,『日明關係史の研究』, 吉川弘文館, 1992.

| 후기 |

　슈리성 복원 최종 단계의 여러 가지 업무와 NHK 대하드라마 『류큐의 바람(琉球の風)』의 감수, 시대 고증이 겹친 몹시 바쁜 시기에 이 원고를 쓰는 처지가 되었다. 솔직히 가능하면 원고 제출을 더 연기하고 싶었지만, 과거 몇 차례에 걸친 약속 위반의 '전과'를 범한 적이 있어서 더 이상 내 맘대로 할 자격을 잃었다. 키보드를 두드리면서 얼마나 한숨을 쉬었던가? 교정이 불충분한 나의 원고에 대해 편집자로서는 말할 것도 없고, 최초의 독자로서 면밀하게 검토해 준 이와나미 쇼텐(岩波書店)의 이노우에 가즈오(井上一夫) 씨가 없었더라면, 이 졸저는 바쁜 것을 이유로 세상에 나오지 못했을 것이다. 그런 까닭으로 이노우에 씨에게는 오키나와에서 아와모리(泡盛)*를 마시며 격려를 받았고, 동시에 이 책 원고의 정리 단계에

---

* 류큐 특산의 증류주. 오키나와에서 술의 증류 기술은 14세기 후반~15세기경에 샴(현재의 타이)으로부터 전해졌다. 그와 동시에 타이 쌀과 저장용 독(甕) 등이 전래되고 현지의 기후와 흑부균(黑麴菌)의 도입으로 개량을 거듭하여 새로운 증류주, 아와모리가 탄생했다. 아와모리는 15세기부터 19세기까지 봉납품으로서 중국과 일본에 헌상되었다. 일본으로는 시마즈씨를 통해 도쿠가와 막부에 헌상되었지만, 공식적으로는 1612년 '류큐주'로서 등장했으며, 그 후 '소주', 1671년 이후에는 '아와모리'라고 하여 오늘에 이르고 있다. '아

서 폐를 끼치고 말았다. 이 자리를 빌려 진심으로 감사드린다.

류큐사는 아직 무명(無名)의 존재이고, 일반에게는 그 기본 지식조차 보급되지 않은 것이 현실일 것이다. 그런 상황을 볼 때마다 늘 우리 역사가들의 노력이 부족함을 통감했다.

이 책은 일찍이 내가 분발하여 쓴 두 권의 책, 『류큐의 시대』와 『류큐 왕국의 구조(琉球王國の構造)』를 기초로 오키나와에서 역사가로서 살며 모색을 거듭했던 나날의 감회를 넣어 세 번째 쓴 것이다. 많은 연구 성과를 참조했지만 책의 성격상 본문 중에 일일이 명기할 수 없었던 점에 대해서 양해를 구하고자 한다.

학문에 몰입하기 이전에 지역의 과제가 있고, 그 과제 해결에 역사가로서 참가해야 할 일이 많았다. 이 때문에 자신으로서는 객관적인 사안(史眼)을 가지려고 했지만 곳곳에 부족한 감이 없지 않다. 이 점에 대해서는 독자의 엄한 비판에 귀 기울이고자 한다.

1992년 12월 복귀 20주년의 세모(歲暮)에

다카라 구라요시

와모리(泡盛)'란 명칭의 유래는 좁쌀을 원료로 하기 때문이라는 설과 거품이 왕성히 일어나는 모양에서 생겼다는 설, 두 가지가 있다. 현재는 쌀로 만드는데, 이 쌀은 일본 술과 달리 인디카종(쌀알이 길고 찰기가 적고 맛이 담백한 쌀)으로 주로 타이산의 싸라기가 이용된다.

류큐 · 오키나와 역사 연표

서력	구분	류큐 · 오키나와	일본	중국 · 조선 · 동남아시아
약 3만 년 전	구석기 시대	신인으로 추정되는 야마시타동인(약 3만 2,000년 전), 미나토가와인(약 1만 8,000년 전)이 거주함.	신인으로 추정되는 밋카비인, 하마키타인(시즈오카현), 히지리다케인(오이타현)이 거주함.	
약 5,000년 전	패총 시대	조몬 문화 시대 시작. 시대가 내려감에 따라 서서히 일본 열도와는 다른 독자성이 강해짐.	약 1만 3,000년~1만년 전 조몬 문화 시대가 시작됨.	
기원 전후		야요이 문화의 파도가 미친 증거는 있지만 결정적 영향은 없었다고 추정됨.	야요이 문화.	
		고분문화는 흔적조차 발견되지 않음.	고분문화.	
7세기		『수서(隋書)』「동이전」에 '유구국(流求國)'이 등장함. 타이완설, 오키나와설, 절충설 등이 있으나 결론 나지 않음.	견수사 파견(607).	수 멸망, 당 건국(618).
8세기		감진화상이 탄 배가 '아아나파섬'에 표착(753).	나라 천도(794). 헤이안 천도.	
12세기	구스쿠 시대	본격적 재배 농경이 시작됨. 철기가 널리 사용됨. 정치적 통솔자로서의 '아지(按司)'가 각지에 출현하고, 구스쿠가 광범하게 조영됨.	미나모토조, 가마쿠라에 막부를 엶(1192).	
13세기		원군(元軍), 오키나와 본도를 침입(1296).	원군(元軍) 내습(1274, 1281).	

14세기	삼산 시대	이때 오키나와 본도는 잔호쿠 (나키진구스쿠), 주잔(우라소에 구스쿠), 잔난(시마지리오자토 구스쿠 또는 시마소에오자토구 스쿠)의 유력 아지가 정립됨. '삼산 시대'라고 칭함.	아시카가 다카우지, 무로마치에 막부를 엶(1338).	주원장, 명 건국(1368) 이 시기 왜구가 고려 연안을 침범함.
1372		명 황제의 사자가 류큐를 방문 하여 책봉을 받고 조공하기를 촉구함. 주잔왕 삿토는 이것을 받아들여 동생 다이키를 파견하고 입공함.		
1389		삿토, 고려와 통교함.		
1392		처음 명에 유학생을 보냄.		
1404		책봉사, 처음 류큐에 옴. 샴 선 박이 류큐에 와서 교역을 함.	아시카가 요시미쓰, 명의 책봉을 받고 국교를 엶(1401). 감합무역을 시작 (1404).	이 시기 말라카 왕국 성립.
1406		시쇼, 쇼하시 부자가 우라소에 구스쿠를 공격하여 주잔왕 부네이를 멸하고 왕위를 빼앗음. 그 직후 주잔의 거점을 슈리성으로 옮겼다고 추정됨.		정화의 남해 원정 시작 (제7차까지 1405~ 1432).
1416		쇼하시, 잔호쿠의 거점 나키진 구스쿠를 공격하여 멸망시킴.	아시카가 요시모치, 명과 국교를 끊음 (1411).	이 시기 파타니 왕국 성립.
1429	제1 쇼씨 왕조	쇼하시, 잔난의 거점 시마지리 오자토구스쿠를 공격하여 멸망 시킴. 이로써 통일왕조로서의 류큐 왕국이 성립되고, 슈리성이		

		구스쿠의 정점에 섬.		
1430		자바와 교통함.		
1439		푸젠성 래원역(취안저우 유구관)을 설치.		
1456		말라카와 통교		
1458		고사마루·아마와리의 난 일어남. 이 시기 류큐 왕국은 중국을 비롯하여 일본, 조선, 동남아시아 제국에 무역선을 파견하여 무역 국가로 번영.	오오닌의 난 (1467~1477).	
1470	제2 쇼씨 왕조	슈리성에서 가나마루를 옹립하는 세력이 쿠데타를 일으킴. 가나마루는 즉위하여 쇼엔이라고 칭함. 제2쇼씨 왕조 창시.		
1472		취안저우의 유구관, 푸저우 유원역으로 옮김.		
1477		제3대 왕으로 쇼신 즉위. 쇼신왕 치세 아래 아마미에서부터 야에야마에 이르는 광대한 해역의 섬들을 판도로 하는 류큐 왕국 절정기 출현.		
1490		파타니 왕국과 통교.		바스코 다 가마, 인도 캘리컷 도착(1511).
1500		야에야마에서 아카하치·온가와라의 난 일어남.		포르투갈, 말라카 점령(1511).
1531		『오모로사우시』 제1권 편집됨.		
1542		포르투갈 함대 내항.		
1543		최후의 파타니 도항, 이후 동남아시아 무역 쇠퇴.	다네가시마에 포르투갈선 내항(1543).	포르투갈, 명으로부터 마카오 거주를 허가 받음(1557).

1570	샴에 최후의 무역선 파견. 이후 동남아시아 무역 끊김.	무로마치 막부 멸망 (1573).	
1591	도요토미 히데요시, 쇼네이왕에게 조선 침략용의 군량미 제공을 강요.	히데요시, 조선 침략 (임진왜란 1592, 정유재란 1597).	
1609	도쿠가와 이에야스의 출병 허가를 받은 사쓰마군 3,000명이 류큐 왕국 침략. 쇼네이왕과 중신들을 연행하고 류큐를 지배 하에 둠. 이후, 왕국체제는 유지되었지만 막번제 국가의 일환에 편입이 되어 종속적인 입장에 놓였기 때문에 사쓰마 침략까지를 '고류큐', 침략이후를 '근세 류큐' 라고 부름.	도쿠가와 이에야스, 에도에 막부를 엶 (1603).	
1624	사쓰마번, 아마미 제도를 직할령으로 삼음.		
1634	처음으로 경하사(慶賀使)를 에도로 파견		
1637	사키시마(미야코·야에야마 제도)에 인두세를 부과함.	포르투갈 선박의 내항 금지(1639).	
1647	설탕 전매제 실시.		명 멸망. 청이 중국 통일(1644).
1650	쇼쇼켄(하네지 조슈), 『중산세감』을 편집.		
1666	쇼쇼켄, 쇼시쓰왕의 섭정이 되어 왕국 재건에 진력함.		
1701	사이다쿠(蔡鐸), 『중산세보』를 편집함(후에 개정됨).		

1728		사이온(蔡溫)이 삼사관(대신)에 취임, 국가 안정에 노력함. 이 시기 왕조 문화는 가장 융성했으며 류큐(오키나와) 문화의 체계가 성립됨.	이 시기 교호(享保) 개혁.	
1745		『구양』이 편집됨.		`
1853		페리 내항. 아편전쟁 전후부터 외국선이 류큐로의 내항이 빈번해짐. 1854년 다시 내항한 페리와의 사이에 류·미수호조약이 체결됨.	페리, 우라가에 내항 (1853). 이듬해 미·일 화친조약 조인.	아편전쟁 (1840~1842).
1866		최후의 책봉사, 류큐 내항.	메이지 유신(1868)	
1872		메이지 정부, 류큐번으로 삼고 쇼타이왕을 번주로 고침.	폐번치현, 청·일 수호조규 조인 (1871).	타이완에 표착한 미야코 섬사람 54명이 살해된 사건 발생 (1871. 1874년 타이완 출병의 구실이 됨).
1874		청에 최후의 조공선 파견.		
1879	오키나와현	메이지 정부, 류큐번을 폐지하고 오키나와현을 설치(류큐 처분). 메이지 정부는 군대·경찰을 동원하여 강제로 슈리성을 접수하고 쇼타이왕을 도쿄에 이주시킴. 450년에 이르는 류큐 왕국은 망함.		전 미대통령 그랜트의 조정에 의해 청과의 사이에 류큐 분할 교섭이 진행됨[분도(分島)·증약(增約) 교섭. 1880].
1903		사키시마의 인두세 폐지.		
1945	미군통치시대	오키나와 전투. 20만 명 이상에 이르는 현민이 희생됨.	포츠담 선언 수락. 무조건 항복.	
1972	오키나와현	일본 본토로의 복귀. 다시 오키나와현이 됨.		

이 책은 『琉球王國』(高良倉吉, 岩波書店, 1993년 1월)을 번역한 것이다. 이 책을 처음 만난 것이 1996년 1월이니 이미 십 수 년이 지났다. 교토대학 인문과학연구소 등에서 박사논문 관련 자료를 수집하던 중 이 책을 구입했다. 류큐 왕국은 내가 연구하는 중국 푸젠 지역과 밀접한 관련이 있기 때문이었다. 그러나 박사논문과 직접적 관련이 적어서 내용만 대강 훑어보고 다른 책과 함께 책꽂이에 꽂아 두었다. 2001년 아름다운 춘천에 자리를 잡고도 몇 년 지나 조금 여유가 생기면서 다시 정독하니 저자의 학문적 열정과 자기 정체성에 대한 고뇌가 활동사진을 보듯 다가왔다. 다른 사람에게 소개하고 싶은 욕심에 내 전공과 서툰 일본어를 깜박 잊고 번역하기로 결정했다. 2005년 5월 저자에게 동의를 얻고 번역을 진행하던 중 출판사 사정으로 출판이 곤란하다는 말을 들었을 때는 괜한 만용을 부렸다 싶기도 했다. 그러나 약속은 지켜야 했다. 우여곡절 끝에 한림대학교 일본학연구소에서 출판하기로 한 후에도 이런 저런 핑계로 미루다 오늘이 되었다.

이 책은 한 권의 '역사학개론' 그 자체이다. 오키나와에서 역사란 무엇이고 역사가란 어떤 존재인가, 왜 류큐 왕국을 연구해야 하는가, 류큐 역사를 어떤 눈으로 보아야 하는가, 류큐 왕국 연구를 위한 기본 사료는 무엇이며 어떻게 수집하고 분석하고 종합해야 하는가 등 역사학개론서에서 흔히 봄직한 주제가 명확하게 제시되어 있기 때문이다. 그리고 저자는 끊임없는 자기 반성과 강한 책임감을 갖고 연구와 실천을 통해 이 질문을 구체화시켰다. 그는 말한다. 자신은 역사가이기에 앞서 이 시대와 이 지역에 살고 있고 지역 과제의 해결에 적극 참여해야 하는 한 사람이다, 자기 역사에 대한 대중들의 무지는 바로 역사가들의 나태함 때문이다, 오키나와 역사의 전체상을 그릴 때 가장 부족한 분야는 전근대사이며 옛 역사서가 제공하는 단조로운 역사상의 극복을 위해서도 전근대사를 철저하게 해명할 필요가 있다, 피해자적인 역사상과 결별하고 역사를 살았던 사람들이 억척스럽게 활동했던 그 역동성을 알기 쉽게 제시해야 한다고.

제시된 과제를 하나하나 해결하기 위해서 저자는 1974년 동남아시아 답사를 시작으로 중국 각지의 류큐 왕국 관련 지역을 몇 차례씩 밟으면서 류큐 왕국의 외적 활동 영역을 아시아 전역으로 확대하여 '아시아 속의 류큐'를 그려냈다. 또 류큐 왕국 자체에서 생산된 2백 점 이상의 사령서를 통해 류큐 왕국의 내적 구조와 역사상을 해명했다. 특히 "사료는 악기다"는 말을 길잡이 삼아 마치 작은 단서로 범인을 추적하는 탐정처럼 류큐 왕국의 실체를 하나씩 밝혀갔다. 동시에 정기적인 고문서강독모임의 주도, 강연 · 신문기고 · 방송 활동 등을 통한 류큐 역사 다시 보기의 확산, 슈리성 복원에의 참여, 역사드라마의 감수와 고증, 'Peaceful Love Rock Festival' 기획 등 현장 활동도 소홀히 하지 않았다.

한국에서 류큐 왕국사 연구는 주로 조선과의 관계사가 중심이었으며 최근에는 류큐 왕국의 멸망기에 대한 연구가 나오고, 다양한 주제의 오키나와(류큐) 관련 국제심포지엄도 열리고 있다. 역사적 교훈을 얻기 위해서든, 동아시아사의 재구성을 위해서든, 새로운 평화체제를 확립하기 위해서든 간에 분명한 것은 류큐(오키나와)에 대하여 이해할 필요가 제고되고 있다는 것이다. 이것은 한국 사회의 시야가 그만큼 넓어졌음을 보여 주는 실례인 동시에 더 많은 연구자와 연구 성과가 나올 토양이 될 것이다.

이 책은 각주가 거의 필요 없을 정도로 쉽게 쓰인 책이다. 다만 류큐 왕국에 대하여 잘 알지 못하는 일반 독자를 위하여 가능한 한 자세한 역주를 달아 달라는 일본학연구소의 요청에 따라 각주를 달았다. 사족이라는 생각도 들지만 조금이라도 읽는 이에게 도움이 되길 바랄 뿐이다. 또 상식적인 내용이라서 번잡함을 피하고자 참고한 자료를 일일이 부기하지는 않았다. 양해를 구한다. 끝으로 번역 과정에 여러분의 도움을 받았지만 특히 한림대 남기학 교수와 전남대 박수철 교수께 감사드린다.

2008년 6월

원정식

지은이 **다카라 구라요시**(高良倉吉)

1947년 오키나와현 이제나 섬에서 출생

1971년 아이치교육대학 졸업. 류큐사 전공

오키나와사료편찬소, 오키나와현립박물관, 우라소에시립도서관장, 오키나와역사연구회 대표 간사 역임

1994년~현재 류큐대학 교수

저서: 『류큐의 시대』[지쿠마쇼보(筑摩書房). 오키나와타임스출판문화상 수상. 후에 신판을 히루기사(ひるぎ社)에서 간행]

　　　『류큐 왕국의 구조』[요시카와코분칸(吉川弘文館). 오키나와문화협회상 히가 슌초상 수상]

　　　『류큐 왕국사의 과제』[히루기사(ひるぎ社). 이하 후유상 수상]

　　　『오키나와 역사론 서설』[산이치쇼보(三一書房)]

　　　『오키나와 역사에의 시점』[오키나와타임스사(沖繩タイムス社)]

　　　『오키나와 역사이야기』[히루기사(ひるぎ社)] 등

옮긴이 **원정식**

1982년 강원대학교 역사교육과 문학사

1996년 서울대학교 대학원 동양사학과 문학박사

2001년~현재 강원대학교 역사교육과 교수

주요 논문 및 역서:

　　　「乾·嘉年間 北京의 石炭需給問題와 그 對策」(1990),

　　　『淸代 福建社會 硏究: 淸 前·中期 閩南社會의 變化와 宗族活動』 (1996), 『淸中期福建的族正制』(2000), 『중국소수민족입문』(공역, 2006)

한림신서 일본학총서 발간에 즈음하여

1995년은 제2차 세계대전이 끝나고 우리나라가 일본 식민지에서 해방된 지 50년이 되는 해이며, 한·일 간에 국교정상화가 이루어진 지 30년을 헤아리는 해이다. 한·일 양국은 이러한 역사를 되돌아보면서 앞으로 크게 변화될 세계사 속에서 동북아시아의 평화와 번영을 추구해야 하리라고 생각한다.

한림대학교 일본학연구소는 이러한 역사의 앞날을 전망하면서 1994년 3월에 출범하였다. 무엇보다도 일본을 바르게 알고 한국과 일본을 비교하면서 학문적·문화적 교류를 모색할 생각이다.

본 연구소는 일본학에 관한 자료를 수집하고 제반 과제를 한·일 간에 공동으로 조사·연구하며 그 결과가 실제로 한·일 관계 발전에 이바지할 수 있도록 노력하고자 한다. 그러한 사업의 일환으로 여기에 일본에 관한 기본적인 도서를 엄선하여 번역 출판하기로 했다. 아직 우리나라에는 일본에 관한 양서가 충분히 소개되지 못했다고 느껴지기 때문이다.

본 연구소는 조사와 연구, 기타 사업이 한국 전체를 위해야 한다고 생각하며 한·일 양국만이 아니라 다른 여러 나라의 연구자나 연구 기관과 유대를 가지고 세계적인 시야에서 일을 추진해 나갈 것이다. 그러므로 누구나 열린 마음으로 본 연구소가 뜻하는 일에 참여해 주기를 바란다.

한림신서 일본학총서가 우리 문화에 기여하고 21세기를 향한 동북아시아의 상호 이해를 더하며 평화와 번영을 증진시키는 데 보탬이 되기를 바란다. 많은 분의 성원을 기대해 마지않는다.

1995년 5월
한림대학교 일본학연구소